CONSTELAÇÃO FAMILIAR
Caderno de Exercícios Práticos

EXPLORANDO AS RAÍZES DA CONSTELAÇÃO FAMILIAR

COORDENAÇÃO EDITORIAL
ANDRÉIA ROMA

AUTORA
JOSI MEDA

CONSTELAÇÃO FAMILIAR
Caderno de Exercícios Práticos

EXPLORANDO AS RAÍZES DA CONSTELAÇÃO FAMILIAR

Copyright © 2024 by Editora Leader
Todos od direitos da primeira edição são reservadas à Editora Leader

CEO e editora-chefe: Andréia Roma
Revisão: Editora Leader
Capa: Editora Leader
Projeto gráfico e editoração: Editora Leader
Suporte editorial: Lais Assis
Livrarias e distribuidores: Liliana Araújo
Artes e mídias: Equipe Leader
Diretor financeiro: Alessandro Roma

Dados Internacionais de Catalogação na Publicação (CIP)

M436r   Meda, Josi
1. ed.   Caderno de exercícios práticos: explorando as raízes da constelação familiar/ Josi Meda; coordenação Andréia Roma. – 1.ed. – São Paulo: Editora Leader, 2024.
352 p.; 16 x 21 cm. – (Série constelação familiar)

ISBN: 978-85-5474-246-1

1. Constelação sistêmica familiar. 2. Exercícios práticos (Psicologia). 3. Terapia sistêmica (Terapia familiar). I. Roma, Andréia. II. Título. III. Série.

11-2024/34   CDD 158.1

Índices para catálogo sistemático:
1. Constelações familiares: Psicologia   158.1

Bibliotecária responsável: Aline Graziele Benitez CRB-1/3129

2024

Editora Leader Ltda.
Rua João Aires, 149
Jardim Bandeirantes – São Paulo – SP

Contatos:
Tel.: (11) 95967-9456
contato@editoraleader.com.br | www.editoraleader.com.br

SUMÁRIO

Introdução 13

Objetivo do Caderno de Exercícios 15

8 passos para utilizar este caderno 17

Capítulo 1: Exercícios para as 3 Leis do Amor 20

    1.1 Lei do Pertencimento 22

        Exercício 1 – Reconexão ao Pertencimento:
        Restaurando o Fluxo de Amor no Sistema Familiar. 22

        Exercício 2 – Reconhecendo a Exclusão de
        Gerações Passadas 27

    1.2 Lei da Hierarquia 32

        Exercício 3 – Respeitando a Ordem da Hierarquia
        no Sistema Familiar 32

        Exercício 4 – Restabelecendo a Ordem Entre Irmãos
        no Sistema Familiar 36

1.3 Lei do Equilíbrio entre Dar e Tomar o que é seu por direito 40

    Exercício 5a – Restaurando o Equilíbrio entre Dar e tomar nas Relações 41

    Exercício 5b – Reconhecendo o Fluxo de Dar e Tomar nas Relações Familiares 44

Capítulo 2: Práticas com as Ordens da Ajuda 48

Primeira Ordem da Ajuda – dar apenas o que tem e tomar apenas o que precisa 56

    Exercício 6 – Equilibrando dar e tomar nas relações de parceria 57

Segunda Ordem da Ajuda – ela está a serviço da sobrevivência e do crescimento 60

    Exercício 7 – Promovendo o Crescimento Através da Ajuda 61

Terceira Ordem da Ajuda – o ajudante precisa c olocar-se como adulto 64

    Exercício 8 – Colocando-se como Adulto na Ajuda 64

Quarta Ordem da Ajuda – A pessoa não é um ser isolado 68

    Exercício 9 – Considerando o Sistema Maior na Ajuda 69

Quinta Ordem da Ajuda – ela vem unir o que está separado 72

    Exercício 10 – Unindo o que está separado 73

2.1 Ajuda com Humildade 77

    Exercício 11 – Ajudando com Humildade 77

2.2 Ajuda que Enobrece 80

    Exercício 12 – Ajudando de forma que enobrece 81

2.3 Respeitando Limites e Limitações na Ajuda 84

    Exercício 13 – Respeitando Limites e Limitações na Ajuda 84

Capítulo 3: Aplicando as Leis do Sucesso 90

Explicação das Leis do Sucesso de Bert Hellinger 91

    1. Lei do Pertencimento e Sucesso 92

        Exercício 14 – Para a Lei do Pertencimento e Sucesso 93

    2. Lei da Hierarquia e Sucesso 94

        Exercício 15 – Para a Lei da Hierarquia e Sucesso 95

    3. Lei do Equilíbrio entre Dar e Tomar no Sucesso 96

        Exercício 16 – Para a Lei do Equilíbrio entre Dar e Tomar no Sucesso 97

    4. Reconciliação com os Pais e Sucesso 98

        Exercício 17 – Para Reconciliação com os Pais e o Sucesso 99

    5. Soltando as Lealdades Invisíveis e o Sucesso 100

        Exercício 18 – Para Soltar as Lealdades Invisíveis e Sucesso 101

    6. Conexão com o Fluxo da Vida e o Sucesso 102

        Exercício 19 – Para Conexão com o Fluxo da Vida e Sucesso 103

O Caminho do Sucesso – A Visão de Bert Hellinger 105

    O Papel da Mãe no Caminho do Sucesso 106

        Exercício 20 – O Papel da Mãe no Caminho do Sucesso 107

    A Conexão entre Relações Familiares e Sucesso 108

        Exercício 21 – A Conexão entre Relações Familiares e Sucesso 108

    Hellinger escreve: 109

O Movimento Interrompido e Seu Impacto no Sucesso 110

    Exercício 22 – O Movimento Interrompido e seu Impacto no Sucesso 111

Sucesso e o Movimento em Direção à Mãe 112

    Exercício 24 – Sucesso e o Movimento em Direção à Mãe 113

O Caminho do Sucesso e a Aceitação da Mãe 114

    Exercício 24a – O Caminho do Sucesso e a Aceitação da Mãe 114

3.1 Sucesso Pessoal e Familiar 115

    Exercício Sistêmico 25 – Constelação sobre Sucesso Pessoal e Familiar 119

3.2 Relacionamento com o Dinheiro 122

    Exercício 26 – Harmonizar o Relacionamento com o Dinheiro 124

    Exercício 27 – Relacionamento com o Dinheiro 125

3.3 Padrões de Sucesso e Fracasso no Sistema 129

    Exercício 28 – Constelação Familiar para Padrões de Sucesso e Fracasso no Sistema 132

Capítulo 4: Explorando Lealdades Invisíveis e Emaranhamentos 138

    Exercício 29 – Constelando Lealdades Invisíveis e Emaranhamentos 143

4.1 Identificando Lealdades Invisíveis 144

    Exercício 30 – Prática para Identificar Lealdades Invisíveis 147

    Exercício 31 – Identificando Lealdades Invisíveis 148

4.2 Desfazendo Emaranhamentos 153

    Exercício 32 – Descobrindo Emaranhamentos no Sistema Familiar 157

4.3 Curando Padrões de Repetição 162

    Exercício 33 – Para Encontrar Padrões de Repetição 166

    Exercício 34 – Para Curar Padrões de Repetição 167

Capítulo 5: Conduções Práticas de Constelações 172

5.1 Constelação na Água 173

    Lista com interpretação dos movimentos dos bonecos na água e seus possíveis significados: 190

    Exercício 35 – Constelando na Água 195

    Exercício 35b – Constelando na Água 197

5.2 Constelação com Bonecos de Madeira, de plástico, de biscuit e de EVA 203

    Exercício 36 – Análise 360 graus com bonecos 204

    Exercício 37 – Posicionamento no Campo Giratório de 360 Graus 206

    Exercício 38 – Posicionamento no Campo Giratório de 360 Graus com Significados para Emaranhamentos e Lealdades Invisíveis 211

    Exercício 39 – Posições 213

    Exercício 40 – Como Perceber uma Solução? 230

    Exercício 41 – Imagem de solução 235

    Exercício 42 – Frases Sistêmicas de Solução 238

    Exercício 43 – Passo a Passo para Conduzir a Constelação com Bonecos 244

5.3 Escultura Familiar de Virgínia Satir 249

Exercício 44 – A minha Escultura Familiar 249

Exercício 45 – Explorando os significados para as posições na Escultura Familiar 252

Exercício 46 – Escultura Familiar com a Pirâmide Neurológica 258

5.4 Constelação com Cartas Sistêmicas – Autoconstelação 274

Exercício 47 – Constelação com cartas – método Josi Meda...277

Capítulo 6: Exercícios de Pensamento Sistêmico com Jogos... 282

6.1 Baú Jornada Sistêmica 283

Introdução ao Pensamento Sistêmico................................. 283

O ciclo do pensamento sistêmico na Constelação Familiar 285

Exercício 48 – Método de Constelação Familiar com Cartas Sistêmicas 286

Pensamento Sistêmico nas diferentes disciplinas sistêmicas:... 288

Exercício 49 – Guia passo a passo para explorar o pensamento sistêmico usando o jogo "Desperta Família" 291

Exercício 50 – Guia passo a passo para explorar o pensamento sistêmico usando os jogos Baú Jornada Sistêmica 292

Os temas dos 3 baús para você trabalhar pensamento sistêmico são:.. 294

Exercício 51 – Histórias que ilustram o uso do pensamento sistêmico no dia a dia do constelado 298

6.2 Desenho Sistêmico 304

Exercício 52 – Mapa das Relações Familiares 315

Exercício 53 – Como conduzir individualmente ou em grupo 317

6.3 Âncoras de Solo 330

Exercício 54 – Trabalhando com Âncoras de Solo 334

Agradecimento 338

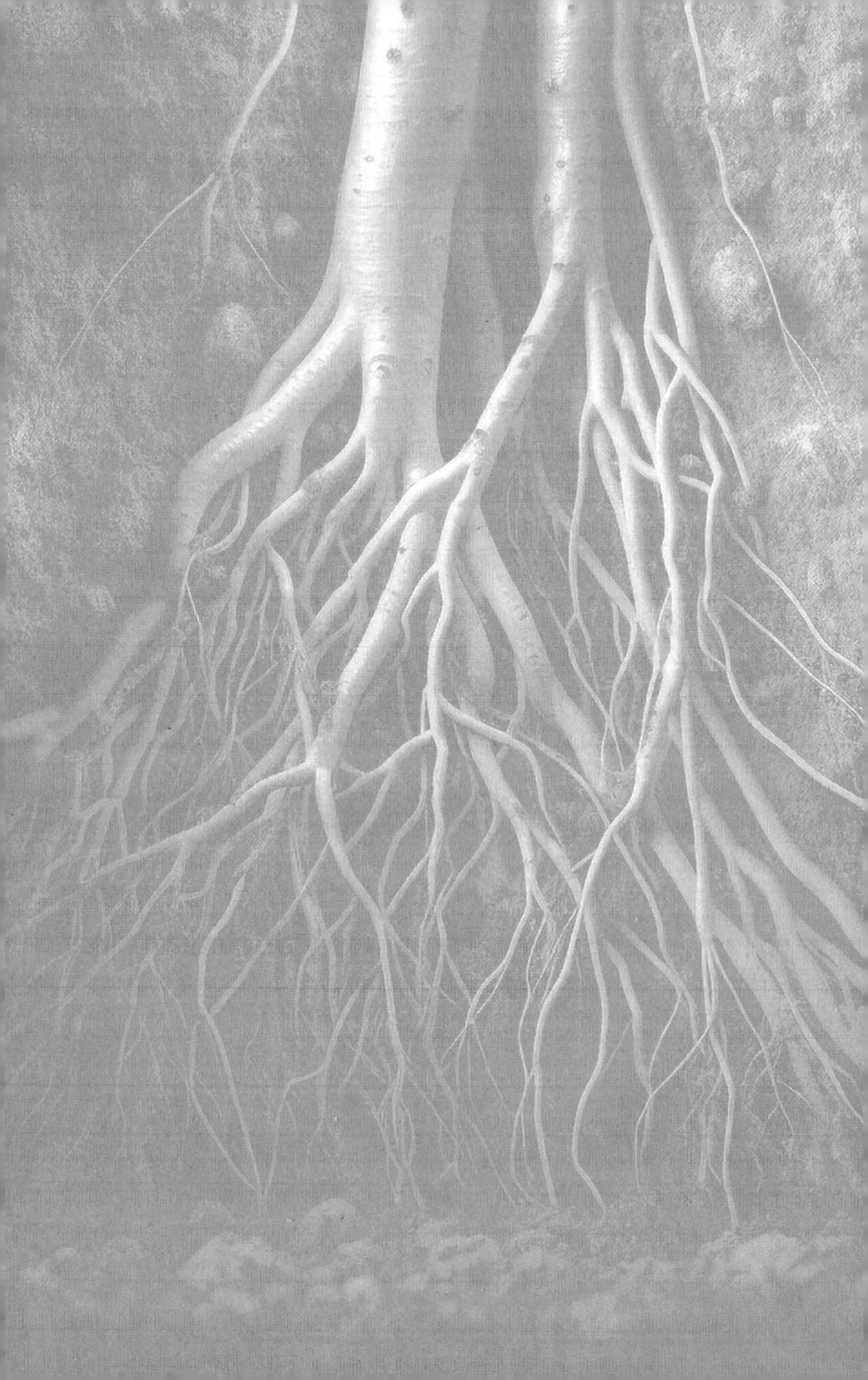

INTRODUÇÃO

Bem-vindo ao "Caderno de Exercícios Práticos – Explorando as Raízes da Constelação Familiar". Este caderno foi criado para servir como um guia prático e complementar aos livros "Raízes da Constelação 1" e "Raízes da Constelação 2". Nele, você encontrará uma série de exercícios que visam aprofundar a compreensão e a vivência das dinâmicas sistêmicas descritas nos livros, promovendo uma experiência transformadora no campo da Constelação Familiar.

Ao longo das páginas deste caderno, você será conduzido por exercícios que exploram as 3 Leis do Amor, as Leis da Ajuda, as Leis do Sucesso e os conceitos de lealdades invisíveis e emaranhamentos. Cada atividade foi cuidadosamente desenhada para que você possa vivenciar os princípios fundamentais das Constelações de Bert Hellinger em um nível mais profundo, permitindo *insights* práticos que podem ser aplicados tanto na sua vida pessoal quanto profissional.

Além dos exercícios teóricos e reflexivos, este caderno também oferece um conjunto de instruções passo a passo para a condução de diferentes tipos de constelações. Você será guiado através de práticas com bonecos, constelações na água, escultura familiar, cartas sistêmicas e outras ferramentas criativas, ajudando a acessar o inconsciente e revelar as dinâmicas ocultas do sistema familiar.

Este caderno foi estruturado de forma simples e prática. Para cada exercício, sugerimos que você reserve um tempo tranquilo e permita-se mergulhar nas emoções e percepções que surgirem durante a prática. Lembre-se de que os movimentos sistêmicos acontecem de forma sutil, e é importante dar espaço para as revelações e transformações que podem surgir ao longo do processo.

Se você é um terapeuta ou facilitador de constelações, este caderno também será útil para enriquecer suas sessões de trabalho com constelados, permitindo um aprofundamento das técnicas que você já utiliza. Para aqueles que estão iniciando sua jornada no campo sistêmico, os exercícios aqui propostos serão uma introdução poderosa ao trabalho de constelação.

A chave para aproveitar ao máximo este caderno está na sua abertura e disposição para observar os movimentos do sistema sem julgamento. Ao permitir que o campo sistêmico se manifeste com clareza, você estará criando espaço para que a cura e a reconciliação possam acontecer.

Que este caderno de exercícios seja um companheiro valioso na sua jornada de autoconhecimento e transformação familiar.

Boa prática!

Objetivo do Caderno de Exercícios

O objetivo deste Caderno de Exercícios é proporcionar uma experiência prática e direta aos leitores e praticantes das Constelações Familiares, auxiliando-os a integrar os conhecimentos teóricos dos livros "Raízes da Constelação 1" e "Raízes da Constelação 2" no seu cotidiano pessoal e profissional. Através de exercícios práticos e dinâmicos, este caderno visa:

- **Aprofundar a Compreensão Sistêmica:** Os exercícios propostos aqui permitem que o praticante vivencie os princípios fundamentais das Constelações Familiares, como as Leis do Amor, as Leis da Ajuda e as Leis do Sucesso, em um nível mais profundo. O leitor será guiado para observar e identificar as dinâmicas sistêmicas em sua vida, entendendo como os padrões familiares invisíveis afetam suas escolhas, relacionamentos e trajetória.

- **Praticar Conduções de Constelações:** Além das reflexões e atividades individuais, este caderno oferece ferramentas práticas para facilitar constelações em diferentes formatos, por exemplo, com bonecos de madeira, constelação na água, cartas sistêmicas e outras técnicas criativas. Essas práticas foram projetadas para enriquecer o trabalho de terapeutas e consteladores, bem como para auxiliar aqueles que desejam explorar as constelações de forma autônoma.

- **Promover a Cura Pessoal e Familiar:** Os exercícios permitem ao praticante investigar e desbloquear as dinâmicas ocultas e emaranhamentos que podem estar perpetuando desafios em suas relações familiares e profissionais. Através da prática, os participantes poderão acessar curas emocionais profundas, rompendo padrões repetitivos e fortalecendo os vínculos com seus ancestrais e familiares.

- **Facilitar a Integração de Práticas Sistêmicas:** O caderno oferece uma variedade de abordagens para trabalhar com questões transgeracionais, lealdades invisíveis e emaranhamentos, utilizando métodos de pensamento sistêmico, como o desenho sistêmico e a escultura familiar. Esses exercícios visam facilitar a compreensão do fluxo de energia entre gerações e auxiliar no restabelecimento da harmonia no sistema familiar.

- **Desenvolver Autoconhecimento e Consciência Sistêmica:** Ao longo dos exercícios, o leitor será convidado a se observar e compreender como suas próprias crenças, atitudes e comportamentos são moldados pela sua história familiar. O caderno convida o praticante a refletir sobre como pode contribuir para o equilíbrio e a harmonia dentro de seu sistema familiar, ajudando-o a se posicionar de maneira mais saudável e consciente na vida.

Com este caderno, espera-se que o praticante desenvolva uma percepção mais clara das dinâmicas ocultas que regem seus relacionamentos e sua vida, e que essas práticas levem a um processo de transformação e cura.

8 PASSOS PARA UTILIZAR ESTE CADERNO

*E*ste "Caderno de Exercícios" foi criado para ser um guia prático e acessível, que complementa os ensinamentos apresentados nos livros "Raízes da Constelação 1" e "Raízes da Constelação 2". Para aproveitar ao máximo os exercícios e práticas aqui sugeridos, recomendamos seguir os passos abaixo:

1. Leitura Prévia dos Conceitos Básicos

Antes de iniciar os exercícios, é importante que você tenha uma compreensão básica dos conceitos fundamentais das Constelações Familiares, como as Leis do Amor, as Leis da Ajuda, e as Leis do Sucesso. Essas bases teóricas são fundamentais para que os exercícios sejam realizados de forma eficaz e proporcionem *insights* profundos.

2. Reserve um Tempo de Qualidade

Escolha um momento em que você possa dedicar-se aos exercícios sem interrupções. O ideal é que você se envolva com as práticas em um ambiente tranquilo, que favoreça a introspecção e o acesso ao campo sistêmico. Alguns exercícios podem despertar emoções fortes, então é importante ter tempo suficiente para processá-las com calma.

3. Intenção Clara para Cada Exercício

Antes de começar cada exercício, estabeleça uma intenção clara. O que você deseja trabalhar ou explorar? Estar consciente do seu objetivo trará mais foco ao exercício e ajudará a direcionar os movimentos sistêmicos que surgirão durante a prática.

4. Realize os Exercícios em Ordem ou Conforme Necessidade

Os exercícios foram organizados de forma a seguirem uma progressão lógica, mas você pode realizá-los na ordem que mais se alinha às suas necessidades no momento. Se estiver trabalhando uma questão específica, como relacionamentos familiares ou padrões de sucesso, pode pular para a seção correspondente e começar por lá.

5. Anote Suas Experiências

Ao final de cada exercício, recomendamos que você faça anotações sobre o que vivenciou, as emoções que surgiram e quaisquer *insights* que tenha tido. Essas anotações serão valiosas para futuras reflexões e ajudarão a acompanhar seu progresso ao longo do tempo.

6. Compartilhe Suas Experiências em Grupo

Se você estiver participando de um grupo de estudo ou for um terapeuta facilitando sessões de constelação, sugerimos que compartilhe suas experiências e reflexões com o grupo. A troca de *insights* e a escuta ativa dos outros membros podem trazer novas perspectivas e enriquecer o processo de aprendizado.

7. Repetição e Prática Constante

Alguns exercícios podem ser realizados várias vezes, especialmente se você sentir que ainda há questões não resolvidas ou novos aspectos surgindo. A repetição é uma parte importante do processo de cura sistêmica, pois permite que camadas mais profundas de emaranhamentos e lealdades invisíveis sejam acessadas e liberadas gradualmente.

8. Facilite para Outras Pessoas

Se você é um terapeuta ou facilitador, utilize este caderno como uma ferramenta para apoiar seus constelados nas suas jornadas de autoconhecimento e cura. Os exercícios aqui propostos podem ser adaptados para sessões individuais ou em grupo, enriquecendo suas práticas com novas abordagens e *insights* sistêmicos.

Ao longo do tempo, este caderno se tornará um recurso valioso para ajudar você a identificar e transformar dinâmicas ocultas no seu sistema familiar e nos sistemas de seus constelados. Permita-se vivenciar cada exercício com abertura e curiosidade, confiando nos movimentos que surgem do campo sistêmico.

CAPÍTULO 1:

EXERCÍCIOS PARA AS 3 LEIS DO AMOR

As Leis do Amor são os pilares que sustentam as Constelações Familiares e foram amplamente estudadas e aplicadas por Bert Hellinger, o fundador desta abordagem terapêutica. Essas leis são universais e operam em todos os sistemas familiares, governando os relacionamentos e o fluxo de amor entre seus membros. Quando essas leis são respeitadas, a harmonia prevalece. No entanto, se forem violadas, surgem desordens, emaranhamentos e dificuldades nas gerações futuras.

Realizar exercícios práticos que explorem essas leis permite um entendimento mais profundo de como elas atuam em sua própria vida e em seu sistema familiar. Vamos explorar brevemente o significado de cada uma dessas leis e porque trabalhar com elas pode trazer clareza e cura:

Lei do Pertencimento

Todos os membros de um sistema familiar têm o direito de pertencer. Quando alguém é excluído ou esquecido, mesmo que inconscientemente, isso gera desequilíbrios que podem ser sentidos por gerações. Exercícios que trabalham com o pertencimento ajudam a reconhecer os excluídos e a restabelecer seu lugar no sistema, permitindo que o amor volte a fluir livremente.

Lei da Hierarquia

A hierarquia refere-se à ordem de chegada de cada membro

no sistema familiar. Os mais antigos têm precedência sobre os mais novos, e quando essa ordem é violada – por exemplo, quando um filho tenta tomar o lugar dos pais – surgem conflitos e dificuldades. Os exercícios práticos sobre hierarquia ajudam a entender a importância do respeito às ordens naturais e a restaurar o equilíbrio, trazendo paz e harmonia ao sistema.

Lei do Equilíbrio entre Dar e Tomar o que é seu por direito

Em todos os relacionamentos, há um fluxo natural de dar e receber. Quando esse equilíbrio é perturbado, seja por dar em excesso ou por receber demais, surgem tensões e ressentimentos. O equilíbrio entre essas forças é essencial para que o amor cresça e se desenvolva. Através dos exercícios que trabalham essa lei, é possível observar onde há desequilíbrio em seus relacionamentos e encontrar formas de restabelecer essa harmonia.

Realizar esses exercícios práticos permite vivenciar na pele o impacto que cada uma dessas leis tem sobre o sistema familiar. Através da prática, você poderá trazer à luz emaranhamentos invisíveis, curar dinâmicas interrompidas e restaurar o fluxo saudável do amor em sua vida e em seus relacionamentos.

Ao envolver-se com essas práticas, você está permitindo que movimentos de cura e reconciliação ocorram, tanto em sua própria vida quanto no campo familiar como um todo. Este é um passo essencial para a transformação profunda e para a liberação de padrões repetitivos que muitas vezes são mantidos por gerações.

1.1 Lei do Pertencimento

Exercício 1 –
Reconexão ao Pertencimento: Restaurando o Fluxo de Amor no Sistema Familiar.

Aqui está a imagem que representa o exercício "Reconexão ao Pertencimento", mostrando uma árvore familiar simbólica com folhas conectadas e algumas sendo reintegradas, refletindo a restauração do pertencimento e a cura no sistema familiar.

Explicação do Exercício

A Lei do Pertencimento é uma das três Leis do Amor nas Constelações Familiares. Ela afirma que todos os membros de um sistema familiar têm o direito de pertencer, independentemente de suas ações ou o que tenham vivido. Quando alguém é excluído ou esquecido, consciente ou inconscientemente, esse desequilíbrio cria tensões no sistema, que podem manifestar-se em dificuldades emocionais, de relacionamento ou até mesmo em padrões repetitivos nas gerações seguintes. O exercício proposto aqui busca restaurar o pertencimento daqueles que foram, de alguma forma, excluídos ou esquecidos, promovendo a reconciliação e permitindo que o amor volte a fluir de maneira harmoniosa no sistema.

Objetivo Sistêmico do Exercício

O objetivo sistêmico deste exercício é reconhecer e reintegrar membros da família que, por algum motivo, foram excluídos, ignorados ou esquecidos, de forma a restaurar o equilíbrio e o fluxo saudável de energia dentro do sistema familiar. Ao fazer isso, permite-se que o amor flua novamente e que a dinâmica familiar se reorganize, promovendo a cura e a harmonia para as gerações atuais e futuras.

Condução do Exercício

Duração: 20-30 minutos

Material Necessário

Bonecos de madeira ou qualquer outro tipo de figura que possa ser usada para representar membros da família, uma mesa ou espaço para dispor os bonecos.

Início: Preparação e Conexão com o Campo Sistêmico

Preparação do Espaço

Certifique-se de que o ambiente esteja tranquilo e silencioso. Organize os bonecos em um espaço que permita mover as figuras sem dificuldade.

Intenção

O constelador deve iniciar explicando ao constelado o propósito do exercício e o significado da Lei do Pertencimento. Pergunte ao constelado: "Você tem a sensação de que alguém na sua família foi excluído ou esquecido, seja por motivos de conflito, morte precoce, abandono ou outro evento?"

Ativação do Campo Sistêmico:

Peça ao constelado que feche os olhos, respire profundamente e conecte-se mentalmente com seu sistema familiar. Solicite que ele pense em possíveis membros da família que possam ter sido excluídos ou esquecidos (por exemplo, um irmão que faleceu, um avô que foi deserdado, uma mãe biológica que foi afastada).

Meio: Identificação e Reintegração do Excluído

Posicionamento dos Bonecos

Após essa conexão, o constelador pedirá ao constelado que escolha bonecos que representem os membros principais da sua família (pai, mãe, irmãos, avós) e os posicione no espaço. Peça ao constelado que posicione esses bonecos de acordo com a sensação interna que ele tem em relação a eles, sem pensar muito – apenas de acordo com o sentimento.

Identificando o Excluído

Pergunte ao constelado se ele sente que algum membro está "faltando" ou se a disposição dos bonecos gera alguma sensação de incompletude. Explore a sensação de ausência e, se o constelado sentir que alguém foi excluído, peça para que ele adicione um boneco representando essa pessoa.

Reintegração

Agora, com todos os membros representados, pergunte ao constelado: "Onde este membro que foi excluído gostaria de estar?" Permita que o constelado mova o boneco até que sinta que o excluído foi devidamente reintegrado ao sistema familiar.

Finalização: Acolhendo o Pertencimento

Declarações Sistêmicas

O constelador, guiando o constelado, pode sugerir declarações curativas para promover a aceitação do excluído no sistema. Algumas sugestões de frases que podem ser ditas em voz alta pelo constelado incluem:

- "Eu te vejo e reconheço seu lugar na nossa família."
- "Você pertence a este sistema, e eu te aceito como parte dele."
- "Honro sua história e o que aconteceu."

Essas frases ajudam a trazer reconhecimento e acolhimento ao excluído.

Verificando o Campo

Pergunte ao constelado como ele se sente após reintegrar o membro excluído. O constelador deve observar se há alguma tensão ou emoção não resolvida e, se necessário, permitir que o constelado expresse seus sentimentos.

Encerramento

Finalize o exercício pedindo ao constelado para agradecer ao campo e ao sistema familiar por permitir que ele realizasse essa reconexão. Pode-se usar uma frase final, como: "Agora, todos pertencem, e o amor pode fluir novamente".

Respiração e Integração

Peça ao constelado que respire profundamente algumas vezes, integrando a experiência. Incentive-o a anotar as sensações ou *insights* que surgiram durante o exercício.

Conclusão do Exercício

O exercício de reconhecimento e reintegração do excluído visa promover um realinhamento energético no sistema familiar, trazendo de volta aqueles que foram esquecidos e restabelecendo o fluxo de amor. Este é um passo essencial para curar dinâmicas disfuncionais e permitir que os descendentes vivam com mais leveza, sem carregar as consequências dos desequilíbrios do passado. Ao concluir este exercício, o constelado pode sentir uma sensação de alívio, pertencimento e reconciliação, tanto consigo mesmo quanto com os membros da sua família.

Exercício 2 – Reconhecendo a Exclusão de Gerações Passadas

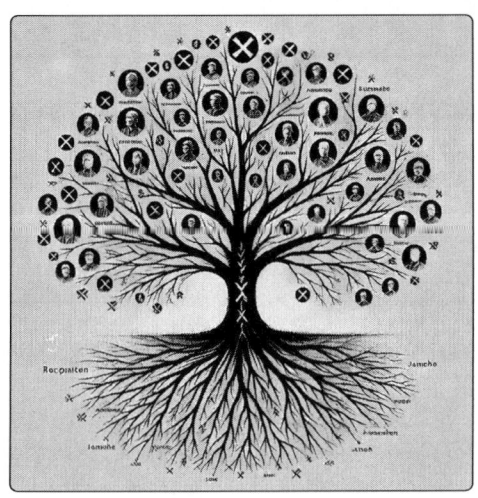

Esta imagem representa o exercício "Reconhecendo a Exclusão de Gerações Passadas", mostrando uma árvore genealógica com símbolos que representam os membros excluídos sendo gradualmente reintegrados ao sistema. Esta imagem captura a essência da cura e da reconexão no sistema familiar.

Explicação do exercício

A Lei do Pertencimento nos lembra que todos os membros do sistema familiar, vivos ou mortos, têm o direito de ocupar seu lugar no sistema. Quando um membro da família de uma geração passada é excluído ou esquecido, suas consequências podem ser sentidas nas gerações seguintes, muitas vezes de maneira inconsciente. Este exercício busca trazer à luz a presença de alguém excluído de gerações anteriores e reconhecer seu pertencimento, permitindo que as dinâmicas familiares se equilibrem e a exclusão seja curada.

Objetivo Sistêmico do Exercício

O objetivo deste exercício é trazer à consciência a exclusão de um ou mais membros de gerações passadas no sistema familiar. Ao reconhecê-los e reintegrá-los simbolicamente ao sistema, o constelado poderá aliviar possíveis emaranhamentos que afetam sua vida ou a de sua família no presente, restaurando o fluxo de amor e pertencimento em todo o sistema.

Condução do Exercício

Duração: 30-40 minutos

Material Necessário

Papéis ou cartões em branco, caneta, uma superfície para colocar os cartões.

Início: Preparação e Conexão com o Campo Sistêmico

Preparação do Espaço

Crie um ambiente calmo e sem distrações, onde o constelado possa se conectar com seu sistema familiar. Disponha os papéis ou cartões sobre uma superfície plana, na qual o constelado poderá utilizá-los durante o exercício.

Intenção

Explique ao constelado que o exercício tem como objetivo trazer à luz membros do sistema familiar de gerações passadas que possam ter sido esquecidos ou excluídos. Pergunte ao constelado se ele tem a sensação de que algum antepassado pode ter sido deixado de lado, ignorado ou esquecido, talvez por motivos de morte precoce, doenças, decisões familiares difíceis ou questões morais.

Ativação do Campo Sistêmico

Peça ao constelado que feche os olhos, respire profundamente e percorra mentalmente sua árvore genealógica. Convide-o a explorar suas raízes e os membros de sua família estendida, com foco em possíveis exclusões de membros nas gerações anteriores.

Meio: Identificação e Reintegração do Excluído

Escrevendo os Nomes ou Símbolos

Dê ao constelado os papéis ou cartões em branco. Peça para que, se sentir que algum membro foi excluído em gerações passadas, ele escreva o nome da pessoa (ou o que souber sobre ela) em um dos papéis. Se o nome não for conhecido, ele pode desenhar um símbolo ou escrever uma palavra que represente essa pessoa.

Posicionamento dos Cartões

Após escrever os nomes ou símbolos, peça ao constelado que coloque os cartões em uma ordem que faça sentido para ele, visualizando a árvore genealógica. Sugira que ele organize os cartões de forma a mostrar quem são os membros da família que ainda estão incluídos e aqueles que foram excluídos ou esquecidos.

Reconhecimento e Aceitação

Agora, o constelado deve olhar para os cartões dos excluídos e reconhecer sua exclusão.

O constelador pode guiá-lo com perguntas como

- "O que você sente ao ver esse nome ou símbolo?"
- "Como você acha que essa exclusão afetou sua família ao longo das gerações?"

Finalização: Reintegração e Acolhimento

Declarações Sistêmicas

O constelador guiará o constelado a dizer frases de acolhimento e reconhecimento, permitindo que os excluídos encontrem seu lugar no sistema familiar. Algumas frases curativas incluem:

- "Agora, eu te vejo e te dou o lugar que é seu no nosso sistema."

- "Você faz parte da nossa família e sua história é importante para nós."
- "Honro o que aconteceu com você e aceito sua presença em nossas vidas."

Essas declarações ajudam a restaurar o pertencimento e a curar o sistema.

Posicionamento Final dos Cartões

Peça ao constelado para reorganizar os cartões, agora incluindo os nomes ou símbolos que antes estavam excluídos. Oriente o constelado a colocá-los em lugares que pareçam adequados, simbolizando que agora eles têm seu espaço no sistema familiar.

Encerramento

Finalize o exercício pedindo ao constelado que observe os cartões reorganizados e reflita sobre as mudanças internas que percebe. Sugira que ele agradeça ao campo e ao sistema familiar por permitirem que o exercício fosse realizado e que os excluídos fossem vistos e reintegrados.

Respiração e Integração

Peça ao constelado que respire profundamente algumas vezes, absorvendo e integrando a experiência. Incentive-o a refletir sobre como sua percepção do sistema familiar mudou após reconhecer e reintegrar os excluídos.

Conclusão do Exercício

Este exercício permite que o constelado explore a exclusão de gerações passadas e tome consciência do impacto que essas exclusões podem ter sobre ele e sua família. Ao reintegrar simbolicamente os membros excluídos ao sistema familiar, o constelado permite que o fluxo de amor e pertencimento seja restaurado. Com a inclusão de todos, o sistema se equilibra, trazendo paz e harmonia para o presente e para as gerações futuras.

O que é importante sobre este exercício?

_____
_____
_____
_____
_____
_____
_____
_____
_____
_____
_____
_____
_____
_____
_____
_____
_____
_____
_____
_____
_____
_____

1.2 Lei da Hierarquia

> Exercício 3 –
> Respeitando a Ordem da Hierarquia no Sistema Familiar

Aqui está a imagem representando o exercício "Respeitando a Ordem da Hierarquia no Sistema Familiar", mostrando uma árvore genealógica em camadas, onde as gerações mais antigas estão nas raízes e as gerações mais novas estão nos galhos superiores, refletindo a ordem natural e o equilíbrio dentro do sistema familiar.

Explicação do Exercício

A Lei da Hierarquia afirma que há uma ordem natural de precedência no sistema familiar, onde os mais velhos vêm antes dos mais novos. Essa ordem não é sobre valor ou importância, mas sobre respeitar o fluxo da vida: os pais vieram antes dos filhos, os avós antes dos pais, e assim por diante. Quando essa ordem é violada, por exemplo, se os filhos assumem responsabilidades que pertencem aos pais ou alguém toma o lugar de um antepassado, surgem desequilíbrios que podem causar tensão no sistema.

Este exercício visa ajudar o constelado a perceber se a hierarquia está sendo respeitada em seu sistema familiar e a ajustar internamente e simbolicamente a posição de cada membro, permitindo que o fluxo natural da ordem seja restaurado.

Objetivo Sistêmico do Exercício

O objetivo deste exercício é restaurar a ordem hierárquica no sistema familiar, permitindo que cada membro ocupe seu lugar natural de acordo com a ordem de chegada no sistema. Ao honrar essa hierarquia, o constelado permite que a energia flua de maneira equilibrada, trazendo paz e harmonia ao sistema familiar.

Condução do Exercício

Duração: 30-40 minutos

Material Necessário

Bonecos de madeira, *biscuit*, EVA ou outros objetos para representar os membros da família; uma mesa ou espaço para disposição dos bonecos.

Início: Preparação e Conexão com o Campo Sistêmico

Preparação do Espaço

Organize o ambiente para que o constelado possa trabalhar com tranquilidade. Coloque os bonecos ou objetos à disposição, em um local acessível.

Intenção

Explique ao constelado que o objetivo deste exercício é observar a hierarquia dentro do sistema familiar e ajustar a ordem dos membros, se necessário. Pergunte ao constelado: "Você sente que, em algum momento, tomou o lugar de alguém na sua família, ou que alguém tomou o seu lugar?"

Ativação do Campo Sistêmico

Peça ao constelado que feche os olhos, respire profundamente e visualize os principais membros de sua família. Oriente-o a sentir o lugar que ocupa em relação aos pais, irmãos, avós ou outros membros importantes. Pergunte se ele sente que está no lugar correto ou se há algum desequilíbrio na ordem.

Meio: Posicionamento e Ajuste da Hierarquia

Posicionamento Inicial dos Bonecos

Peça ao constelado que escolha bonecos para representar sua família imediata (pais, irmãos, filhos) e disponha-os sobre a mesa de acordo com a sensação interna de onde ele acredita que cada um deveria estar.

Observação da Hierarquia

O constelador deve observar como os bonecos foram dispostos e perguntar ao constelado como ele se sente em relação a essa disposição. Pergunte: "Você sente que está no seu lugar ou está ocupando o lugar de outra pessoa? Existe alguém que parece estar fora de ordem?"

Ajuste da Hierarquia

Se o constelado identificar algum desequilíbrio, oriente-o a ajustar a posição dos bonecos, movendo cada um para o lugar que corresponda à ordem de chegada no sistema familiar (por exemplo, os pais à frente dos filhos, os avós à frente dos pais).

Reconhecimento da Ordem

Uma vez que todos os bonecos estejam dispostos corretamente, peça ao constelado para observar como se sente ao ver os membros da sua família no lugar adequado. Pergunte: "Como você se sente agora que a ordem foi ajustada? Isso muda algo em como você vê sua família?"

Finalização: Declarações e Encerramento

Declarações Sistêmicas:

Para reforçar a hierarquia, guie o constelado a fazer declarações de reconhecimento e aceitação do lugar de cada um no sistema. Algumas sugestões de frases incluem:

- "Você veio antes de mim, e eu respeito o seu lugar."
- "Eu tomo meu lugar de filho(a), e deixo você no lugar de pai/mãe."
- "Honro a ordem que a vida nos deu, e aceito meu lugar dentro dela."

Encerramento

Finalize o exercício pedindo ao constelado que olhe novamente para os bonecos e sinta a nova disposição. Pergunte se ele percebe algum alívio, mudança emocional ou nova percepção sobre sua relação com os membros da família.

Respiração e Integração

Peça ao constelado para respirar profundamente algumas vezes e integrar o que foi trabalhado. Sugira que ele reflita sobre as mudanças e *insights* que surgiram durante o exercício e como eles podem impactar sua vida cotidiana.

Conclusão do Exercício

Este exercício ajuda o constelado a restabelecer a hierarquia natural no sistema familiar, permitindo que a ordem seja respeitada e que o fluxo de energia ocorra de forma harmoniosa. Quando cada pessoa ocupa o lugar que lhe foi dado pela vida, há uma sensação de alívio e equilíbrio que beneficia todos os membros do sistema, trazendo paz tanto para as gerações anteriores quanto para as futuras.

Exercício 4 – Restabelecendo a Ordem Entre Irmãos no Sistema Familiar

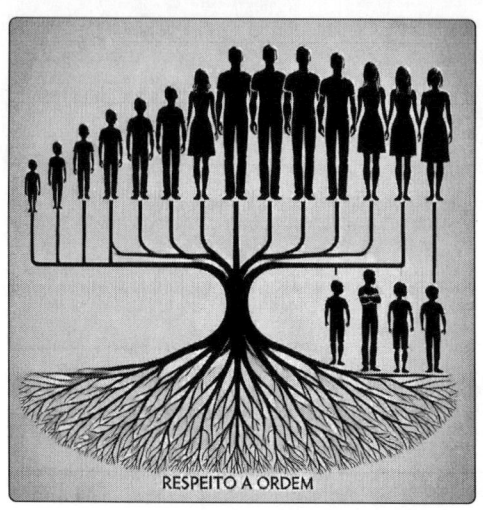

Aqui está a imagem que representa o exercício "Respeitando a Ordem Entre Irmãos", mostrando uma linha de figuras ou uma árvore genealógica com os irmãos organizados em ordem de nascimento, do mais velho ao mais novo. As raízes simbolizam a base e a força do sistema familiar, enquanto a disposição hierárquica dos irmãos reflete harmonia e respeito à ordem.

Explicação do Exercício

A Lei da Hierarquia estabelece que a ordem de chegada no sistema familiar é crucial para o equilíbrio. Entre irmãos, essa lei indica que os mais velhos vêm antes dos mais novos, tanto em responsabilidade quanto em honra. Quando essa ordem é desrespeitada, surgem conflitos, competições e tensões entre os irmãos. Este exercício visa ajudar o constelado a reconhecer e restabelecer a ordem natural entre os irmãos, permitindo que cada um ocupe seu lugar adequado na família e se respeitem os papéis uns dos outros.

Objetivo Sistêmico do Exercício

O objetivo deste exercício é restaurar a ordem entre irmãos, permitindo que o constelado reconheça e honre o lugar de cada irmão no sistema familiar. Ao respeitar essa ordem, o fluxo de amor entre os irmãos e a harmonia nas relações familiares se restabelece, aliviando tensões e promovendo o equilíbrio emocional.

Condução do Exercício

Duração: 20-30 minutos

Material Necessário

Bonecos de madeira, *biscuit* ou outro tipo de objeto para representar os irmãos e o constelado.

Início: Preparação e Conexão com o Campo Sistêmico

Preparação do Espaço

Crie um ambiente tranquilo, com os bonecos ou objetos dispostos em uma mesa.

Intenção

Explique ao constelado que o objetivo deste exercício é observar a relação hierárquica entre ele e seus irmãos, para reconhecer se existe algum desequilíbrio ou inversão de papéis. Pergunte ao constelado: "Você sente que está ocupando o seu lugar correto entre seus irmãos?"

Ativação do Campo Sistêmico

Peça ao constelado que feche os olhos e visualize seus irmãos. Oriente-o a observar como ele se sente em relação a cada um deles. Existe algum conflito ou competição que indica que alguém está fora de ordem?

Meio: Posicionamento e Ajuste da Ordem

Inicial dos Bonecos

Peça ao constelado para escolher bonecos para representar a

ele e seus irmãos e dispô-los sobre a mesa, de acordo com a sensação que ele tem sobre suas relações no momento.

Observação da Hierarquia Entre Irmãos

O constelador deve observar a disposição dos bonecos e perguntar ao constelado como ele se sente com as posições de cada um. Pergunte: "Você sente que está no seu lugar de acordo com sua ordem de nascimento? Existe algum irmão que parece estar ocupando uma posição que não lhe pertence?"

Ajuste da Hierarquia

Oriente o constelado a reorganizar os bonecos, colocando cada irmão em seu lugar conforme a ordem de nascimento, do mais velho ao mais novo. Pergunte como ele se sente ao ver os irmãos em seus devidos lugares.

Reconhecimento e Honra da Ordem

Uma vez que os bonecos estejam ajustados, peça ao constelado para observar e refletir sobre como essa nova disposição afeta seus sentimentos e sua visão em relação a seus irmãos.

Finalização: Declarações e Encerramento

Declarações Sistêmicas

Para consolidar a nova ordem, guie o constelado a fazer declarações de reconhecimento e honra, como:

- "Você veio antes de mim, e eu respeito o seu lugar."
- "Eu sou o mais novo, e aceito minha posição."
- "Cada um de nós tem seu papel e lugar, e eu honro a ordem da nossa família."

Encerramento

Finalize o exercício pedindo ao constelado que observe os bonecos e veja se sente algum alívio ou mudança em sua percepção sobre a relação com seus irmãos.

Respiração e Integração

Peça ao constelado para respirar profundamente algumas vezes, Integrando a experiência. Sugira que ele reflita sobre os *insights* que surgiram e sobre como a mudança na percepção hierárquica pode melhorar suas relações com os irmãos.

Conclusão do Exercício

Este exercício permite que o constelado restabeleça a ordem natural entre irmãos, respeitando a hierarquia de nascimento. Quando a ordem é restaurada, o relacionamento entre os irmãos se torna mais harmonioso e equilibrado, permitindo que cada um ocupe seu lugar sem competições ou tensões desnecessárias.

O que é importante sobre este exercício?

_____
_____
_____
_____
_____
_____
_____
_____
_____

_____
_____
_____
_____
_____
_____
_____
_____

1.3 Lei do Equilíbrio entre Dar e Tomar o que é seu por direito

Aqui está a imagem que representa o exercício "Restaurando o Fluxo do Equilíbrio", mostrando uma balança equilibrada com mãos simbolizando o dar e o tomar. A imagem reflete a harmonia e o equilíbrio nas relações, com foco em trocas justas e saudáveis.

Exercício 5a – Restaurando o Equilíbrio entre Dar e tomar nas Relações

Explicação do Exercício

A Lei do Equilíbrio entre Dar e tomar afirma que, em qualquer relação saudável, há um fluxo natural de troca entre os indivíduos. Quando uma pessoa dá demais sem receber ou recebe mais do que dá, o equilíbrio é rompido, gerando tensão, ressentimento e, eventualmente, afastamento ou conflitos. O objetivo deste exercício é identificar onde esse desequilíbrio pode estar ocorrendo nas relações do constelado e restaurar o fluxo saudável de dar e tomar, criando harmonia nas conexões interpessoais.

Objetivo Sistêmico do Exercício

O objetivo deste exercício é permitir que o constelado observe e compreenda o fluxo de troca em suas relações, tanto familiares quanto pessoais, e restaure o equilíbrio necessário para manter esses relacionamentos saudáveis. Isso implica reconhecer onde há excessos ou faltas e ajustar suas ações para trazer harmonia ao dar e receber.

Condução do Exercício

Duração: 25-35 minutos

Material Necessário

Papel e caneta para anotar as reflexões, bonecos ou objetos para representar as pessoas com quem o constelado deseja trabalhar.

Início: Reflexão e Identificação do Desequilíbrio

Preparação do Espaço

Certifique-se de que o ambiente esteja tranquilo e propício à reflexão. O constelado deve ter espaço para dispor os objetos ou bonecos e escrever suas observações.

Intenção

Explique ao constelado que este exercício é sobre identificar onde há desequilíbrio entre dar e tomar em suas relações e encontrar formas de restaurar esse equilíbrio. Pergunte: "Você sente que em algum relacionamento está dando demais ou recebendo demais, sem que haja uma troca justa?"

Identificação das Relações

Peça ao constelado que liste em um papel as pessoas mais importantes em sua vida, como familiares próximos, amigos, cônjuge ou parceiros de trabalho. Ao lado de cada nome, ele deve refletir e anotar se sente que há equilíbrio entre o que dá e o que recebe nessa relação.

Meio: Visualização e Ajuste do Fluxo de Dar e Receber

Posicionamento dos Bonecos ou Objetos

Após identificar as relações, peça ao constelado para escolher bonecos ou objetos que representem essas pessoas. Ele deve colocá-los na mesa de acordo com a sensação que tem em relação ao equilíbrio na troca com cada pessoa.

Observação do Desequilíbrio

O constelador deve orientar o constelado a observar os bonecos e refletir sobre como se sente em relação ao fluxo de dar e receber. Pergunte: "Em quais relações você sente que dá mais do que recebe? E em quais você está recebendo mais do que dá? Como isso afeta você?"

Ajuste do Fluxo

Com base nas reflexões, o constelado deve ajustar a posição dos bonecos, simbolizando o equilíbrio que ele gostaria de ver restaurado. Peça ao constelado que mova os bonecos conforme sinta necessidade, colocando-os mais próximos ou distantes, até que ele sinta que o equilíbrio de troca foi ajustado.

Finalização: Declarações e Integração do Equilíbrio

Declarações Sistêmicas

Para reforçar o equilíbrio, guie o constelado a fazer declarações que promovam a restauração do fluxo de dar e receber, como:

- "Eu reconheço o que recebi e agora ofereço de volta com gratidão."
- "Eu vejo o quanto dei e aceito receber na mesma medida."
- "Eu permito que o equilíbrio se estabeleça entre nós."

Encerramento

Peça ao constelado para observar a nova disposição dos bonecos e refletir sobre o que mudou. Pergunte: "Como você se sente com o novo equilíbrio? Que mudanças você percebe em si mesmo ou nas relações?"

Respiração e Integração

Peça ao constelado que respire profundamente algumas vezes, integrando a sensação de equilíbrio. Incentive-o a anotar os *insights* que surgiram e como ele pode aplicar essas percepções no seu dia a dia.

Conclusão do Exercício

Este exercício permite que o constelado reconheça desequilíbrios nas relações de troca e promova o restabelecimento do fluxo saudável entre dar e receber. A harmonia resultante permite que as relações se desenvolvam de forma mais fluida, com menos ressentimentos e maior compreensão mútua.

Exercício 5b – Reconhecendo o Fluxo de Dar e Tomar nas Relações Familiares

Explicação do Exercício

A Lei do Equilíbrio entre Dar e tomar não se aplica apenas a relacionamentos individuais, mas também ao sistema familiar como um todo. Quando o equilíbrio é rompido, seja por alguém que dá excessivamente ou por outro que recebe demais sem retribuir, surgem dinâmicas desequilibradas, resultando em conflitos, ressentimentos ou até afastamentos. Este exercício tem como foco ajudar o constelado a perceber e restaurar o fluxo de dar e tomar dentro de seu sistema familiar, buscando um equilíbrio que traga harmonia às relações.

Objetivo Sistêmico do Exercício

O objetivo deste exercício é identificar o fluxo de dar e tomar dentro do sistema familiar do constelado, com foco nas gerações passadas e atuais. A ideia é reconhecer onde o desequilíbrio pode ter ocorrido e tomar consciência das dinâmicas familiares para restaurar um equilíbrio saudável nas relações entre as gerações.

Condução do Exercício

Duração: 30-40 minutos

Material Necessário

Papel e caneta para anotações, bonecos ou objetos que possam ser utilizados para representar membros da família.

Início: Reflexão e Mapeamento Familiar

Preparação do Espaço

O constelado deve estar em um ambiente tranquilo. O constelador pode fornecer papel e caneta para que o constelado anote suas reflexões e utilize os bonecos ou objetos para representar os membros da família.

Intenção

Explique ao constelado que o objetivo é observar as trocas de dar e tomar ao longo das gerações de sua família. Pergunte: "Você sente que, em sua família, alguém deu muito e recebeu pouco, ou recebeu muito sem devolver? Como isso afetou as dinâmicas familiares?"

Mapa Familiar

Peça ao constelado que escreva ou represente com bonecos os principais membros de sua família, especialmente focando em relações em que ele percebeu algum desequilíbrio de trocas ao longo das gerações (pais, avós, irmãos, etc.).

Meio: Observação do Fluxo de Dar e Receber

Posicionamento dos Bonecos ou Mapa

Com os bonecos ou o mapa familiar diante de si, o constelado deve posicionar os membros de sua família de acordo com a sua percepção das trocas de dar e receber. Por exemplo, se alguém deu mais do que recebeu, esse boneco pode ser posicionado em uma extremidade, e quem recebeu mais pode estar mais próximo do centro.

Observação do Desequilíbrio

Oriente o constelado a observar os membros da família e as trocas de energia entre eles. Pergunte: "Quem em sua família deu mais do que recebeu? E quem recebeu sem dar de volta?" Incentive o constelado a refletir sobre como isso pode ter gerado desequilíbrios.

Reconhecimento do Fluxo

Peça ao constelado para refletir sobre como o desequilíbrio entre dar e tomar impactou o sistema familiar. Pergunte: "Como essas trocas influenciaram as relações familiares? Há algum padrão que se repetiu de geração em geração?"

Finalização: Reintegração e Restauração do Equilíbrio

Declarações Sistêmicas

Para restaurar o equilíbrio, o constelador pode sugerir que o constelado faça algumas declarações curativas em relação aos membros da família. Algumas sugestões incluem:

- "Eu vejo o quanto você deu, e agora honro o que você fez pela nossa família."
- "Eu recebi muito, e agora me disponho a dar de volta."
- "Eu aceito o equilíbrio nas trocas e permito que o fluxo entre dar e tomar seja restaurado."

Ajuste dos Bonecos ou Mapa

O constelado pode ajustar a posição dos bonecos ou fazer anotações sobre como gostaria de restaurar o equilíbrio nas suas relações familiares. Ele pode mover os bonecos para simbolizar uma troca mais justa entre dar e receber.

Encerramento

Finalize o exercício pedindo ao constelado para observar as mudanças feitas e refletir sobre como essas novas percepções podem trazer mais harmonia para o sistema familiar.

Respiração e Integração

Peça ao constelado que respire profundamente e integre as novas percepções. Incentive-o a refletir sobre como pode continuar promovendo o equilíbrio em suas relações, tanto nas gerações anteriores quanto nas futuras.

Conclusão do Exercício

Este exercício ajuda o constelado a observar as trocas de dar e tomar dentro do seu sistema familiar, trazendo à luz possíveis desequilíbrios e restaurando a harmonia entre as gerações. Ao tomar consciência dessas dinâmicas, o constelado pode promover uma troca mais justa e equilibrada nas suas relações familiares.

O que é importante sobre este exercício?

_____
_____
_____
_____
_____
_____
_____
_____
_____
_____
_____
_____
_____
_____
_____
_____
_____
_____
_____
_____

CAPÍTULO 2:

PRÁTICAS COM AS ORDENS DA AJUDA

As Leis da Ajuda servem como orientações para que possamos oferecer apoio sem invadir, tomar o lugar do outro ou criar dependências. Ajudar de maneira adequada significa respeitar o momento, o limite e a capacidade do outro, ao mesmo tempo que mantemos nossa própria integridade e respeitamos nossas limitações.

Princípios chave que serão abordados nas práticas deste capítulo

1. Ajuda com Humildade

Explicação

A primeira Lei da Ajuda afirma que só podemos ajudar de forma saudável quando reconhecemos nossas próprias limitações. Muitas vezes, ao tentar ajudar, assumimos o papel de "salvadores" ou "superiores", o que desequilibra a relação. A verdadeira ajuda só ocorre quando estamos dispostos a nos colocar em pé de igualdade com a outra pessoa, sabendo que também temos nossas vulnerabilidades.

Prática

Neste exercício, você aprenderá a identificar quando está tentando ajudar do lugar de superioridade ou arrogância. A prática envolve observar a dinâmica em diferentes situações em que você ajuda, e reavaliar se você está realmente respeitando a igualdade entre você e a pessoa que está ajudando.

2. Respeitando os Limites na Ajuda

Explicação

Uma das formas mais comuns de desrespeitar a Lei da Ajuda é não respeitar o limite do outro. Às vezes, oferecemos ajuda sem que a pessoa tenha pedido ou quando ela ainda não está pronta para recebê-la. Isso pode gerar resistência ou dependência, o que não é saudável.

Prática

Esta prática se concentra em observar quando sua ajuda não é solicitada e aprender a esperar o momento certo para ajudar. Será abordado o conceito de "esperar ser chamado" e como ouvir a necessidade real do outro ao invés de impor soluções.

3. Ajuda Que Fortalece

Explicação

A verdadeira ajuda fortalece o outro, permitindo que ele se desenvolva e se torne mais autossuficiente. Muitas vezes, ao tentar ajudar, acabamos enfraquecendo a pessoa, criando dependência. Esta

Lei da Ajuda nos lembra que ajudar significa empoderar o outro a lidar com seus próprios desafios, não resolver tudo por ele.

Prática

Você será guiado a refletir sobre as maneiras pelas quais sua ajuda fortalece ou enfraquece as pessoas ao seu redor. O exercício inclui analisar suas relações e como suas intervenções podem estar evitando que o outro cresça por conta própria.

4. Equilíbrio entre Dar e tomar na Ajuda

Explicação

A ajuda saudável deve manter o equilíbrio entre o dar e o receber. Quando ajudamos constantemente sem permitir que o outro nos ajude de volta, acabamos gerando um desequilíbrio que pode se manifestar como ressentimento, culpa ou dependência.

Prática

Este exercício convida você a observar suas trocas com as pessoas para quem oferece ajuda. Você será convidado a reconhecer quando ajudou em excesso e não permitiu que o outro também contribuísse. O objetivo é restabelecer o equilíbrio nessas relações.

5. Ajuda nas Relações Familiares

Explicação

Na constelação familiar, muitas vezes nos encontramos tentando ajudar membros da família, assumindo responsabilidades que não são nossas, especialmente com pais ou irmãos. A Lei da Ajuda nos orienta a respeitar o papel de cada um dentro da família e a não tomar o lugar de outros em nossa tentativa de ajudar.

Prática

O exercício aqui envolve identificar padrões dentro da sua família em que você possa estar assumindo a responsabilidade por outros. Através da prática de visualização e posicionamento sistêmico, você será guiado a devolver as responsabilidades a quem pertencem, restabelecendo a ordem familiar.

Conclusão do Capítulo

As Leis da Ajuda são um conjunto de princípios fundamentais para promover a cura e o crescimento dentro dos sistemas familiares e em outras relações. Ao aplicar essas práticas, o constelado poderá transformar a maneira como se envolve com os outros, ajudando de forma mais consciente, equilibrada e fortalecedora. O Capítulo 2 fornece ferramentas práticas e reflexivas para que a ajuda aconteça de uma forma que realmente promova o crescimento e a cura, tanto para quem ajuda quanto para quem recebe a ajuda.

Explicação detalhada sobre as Cinco Ordens da Ajuda de Bert Hellinger, fundamentais para a compreensão de como ajudar de forma equilibrada e eficaz:

Primeira Ordem da Ajuda

Dar apenas o que tem e tomar apenas o que precisa

A primeira ordem ensina que, para ajudar de forma saudável, devemos oferecer apenas o que realmente possuímos, e o outro deve tomar apenas o que precisa. Isso significa que não podemos dar mais do que temos, seja no âmbito emocional, físico ou material. Quando ultrapassamos esse limite, estamos nos desgastando e oferecendo algo que não é sustentável para nós. Da mesma forma, quem recebe ajuda não deve tomar mais do que o necessário, para não gerar dependência ou desequilíbrio na relação.

Exemplo prático

Se você tenta dar conselhos ou suporte emocional que ultrapassam sua própria experiência ou capacidade emocional, pode acabar exaurido ou oferecendo uma ajuda ineficaz. Da mesma forma, quando alguém toma mais do que precisa, a relação de ajuda se torna um fardo, tanto para quem ajuda quanto para quem recebe.

Mensagem central

A ajuda só é sustentável quando respeita os limites de ambos. Damos o que temos em equilíbrio e tomamos o que precisamos sem excessos.

Segunda Ordem da Ajuda

Ela está a serviço da sobrevivência e do crescimento

A segunda ordem afirma que a ajuda só é eficaz quando contribui para a sobrevivência e crescimento do outro. Qualquer ajuda que enfraqueça ou crie dependência excessiva vai contra essa ordem. Quando ajudamos alguém de forma saudável, estamos promovendo sua autonomia, resiliência e capacidade de lidar com a vida de forma mais independente.

Exemplo prático

Se você ajuda alguém resolvendo todos os problemas por ele, em vez de guiá-lo a encontrar suas próprias soluções, essa pessoa não está crescendo. Você pode estar promovendo a sobrevivência imediata, mas não está apoiando o crescimento. Um bom ajudante apoia a sobrevivência e, ao mesmo tempo, incentiva o crescimento do outro.

Mensagem central

A verdadeira ajuda promove tanto a sobrevivência quanto o crescimento da pessoa, evitando a criação de dependência.

Terceira Ordem da Ajuda

O ajudante precisa colocar-se como adulto

Nesta ordem, Hellinger enfatiza que o ajudante deve posicionar-se como adulto, ou seja, alguém consciente de suas responsabilidades, limitações e de sua própria jornada de vida. Ajudar do lugar de um adulto significa ter maturidade emocional e não tentar salvar o outro ou resolver tudo para ele como se fosse um pai ou mãe. Isso evita dinâmicas de infantilização, nas quais o ajudado é colocado em uma posição de dependência ou imaturidade.

Exemplo prático

Se você ajuda seus amigos ou familiares assumindo todas as responsabilidades por eles, você está agindo como um "pai" ou "mãe" na relação, o que cria desequilíbrio. Posicionar-se como adulto significa apoiar o outro a tomar suas próprias decisões, com respeito e igualdade.

Mensagem central

O ajudante deve agir como um adulto, consciente de seus limites e da responsabilidade de fortalecer o outro para sua autonomia.

Quarta Ordem da Ajuda

A pessoa não é um ser isolado

Esta ordem lembra que quem está sendo ajudado não é um indivíduo isolado, mas parte de um sistema maior, seja familiar, social ou profissional. Ao ajudar alguém, é importante levar em consideração o contexto e o impacto da ajuda nas outras relações desse indivíduo. Ignorar o sistema em que a pessoa está inserida pode criar desequilíbrios e afetar outras partes desse sistema.

Exemplo prático

Ao ajudar um filho, por exemplo, é essencial considerar como essa ajuda afeta a dinâmica familiar como um todo. Se o filho recebe um suporte exagerado, pode desestabilizar a relação dele com os irmãos ou com os pais. Ou, ao ajudar um colega de trabalho, considere como isso afeta o ambiente profissional.

Mensagem central

A ajuda eficaz reconhece que a pessoa faz parte de um sistema, e qualquer intervenção deve levar em conta o impacto nas outras partes do sistema

Quinta Ordem da Ajuda

Ela vem unir o que está separado

A quinta ordem nos lembra que a ajuda verdadeira busca unir o que está separado, tanto interna quanto externamente. Isso significa que a ajuda deve promover reconciliações, harmonia e inclusão, em vez de aprofundar separações ou divisões. Muitas vezes, a ajuda saudável envolve trazer à luz questões não resolvidas e buscar integrá-las, tanto no nível pessoal quanto no familiar ou social.

Exemplo prático

No contexto de constelações familiares, ajudar significa frequentemente promover a reconciliação entre membros da família que estão em conflito ou excluídos do sistema. No nível pessoal, a ajuda pode significar ajudar a pessoa a se reconectar com partes dela que foram reprimidas ou ignoradas.

Mensagem central

A verdadeira ajuda promove a unidade, a reconciliação e a inclusão, restaurando o que foi separado ou dividido no sistema familiar ou pessoal.

Conclusão sobre as Ordens da Ajuda

Essas cinco ordens da ajuda de Bert Hellinger proporcionam uma base sólida para qualquer relação de apoio. Elas nos lembram que ajudar de forma saudável envolve tanto limites pessoais quanto consideração pelo outro e pelo sistema maior em que ele está inserido. Ao seguir essas ordens, a ajuda se torna um processo de fortalecimento mútuo, promovendo o crescimento e a harmonia.

Primeira Ordem da Ajuda – dar apenas o que tem e tomar apenas o que precisa

Primeira Ordem da Ajuda: Dar apenas o que tem e tomar apenas o que precisa – uma balança equilibrada representando a troca justa entre dar e receber.

A Primeira Ordem da Ajuda nos ensina que devemos dar apenas o que temos e tomar apenas o que precisamos. Isso significa que, ao ajudar, devemos ser honestos com nossos próprios limites e capacidades. Não podemos dar mais do que realmente possuímos, seja no âmbito emocional, físico ou material, sem nos prejudicar ou esgotar. Da mesma forma, quem está recebendo a ajuda não deve tomar mais do que precisa, para não gerar dependência ou desequilíbrio na relação.

Esse princípio é essencial para manter uma troca saudável entre quem ajuda e quem recebe. Se uma pessoa tenta dar mais do que pode, ela pode acabar criando um fardo para si mesma, e quem recebe pode ficar dependente. O equilíbrio entre dar e tomar garante que a ajuda seja sustentável e benéfica para ambas as partes.

Exercício 6 – Equilibrando dar e tomar nas relações de parceria

Explicação do Exercício

A Lei do Equilíbrio entre Dar e tomar é particularmente importante nas relações de parceria, sejam elas amorosas, profissionais ou de amizade. Para que uma relação se mantenha saudável e duradoura, é necessário que haja um equilíbrio contínuo entre o que é dado e o que é recebido. Se uma pessoa dá constantemente sem receber de volta, ou se uma parte está sempre recebendo sem contribuir, a relação se desequilibra, o que pode levar a ressentimentos, conflitos e rupturas.

Este exercício é voltado para ajudar o constelado a perceber como estão suas trocas em uma relação de parceria e a tomar consciência de onde o equilíbrio pode ser restaurado.

Objetivo Sistêmico do Exercício

O objetivo deste exercício é ajudar o constelado a identificar e restaurar o equilíbrio entre dar e tomar em suas relações de parceria. Isso pode ser aplicado em relações românticas, amizades próximas ou parcerias de trabalho. Através da prática, o constelado será capaz de perceber onde há excessos ou faltas e ajustar suas ações e percepções para manter o fluxo de troca saudável e harmônico.

Condução do Exercício

Duração: 25-35 minutos

Material Necessário

Duas folhas de papel, uma caneta, bonecos ou objetos que representem o constelado e a pessoa com quem ele deseja trabalhar.

Início: Reflexão sobre a Troca na Relação

Preparação do Espaço

Organize um ambiente calmo, onde o constelado possa se concentrar. Disponibilize papel e caneta para anotações, além dos bonecos ou objetos para representar o constelado e o parceiro de relação.

Intenção

Explique ao constelado que o exercício visa observar como está o fluxo de dar e tomar na relação que ele escolheu. Pergunte: "Você sente que está dando ou recebendo mais do que o outro na sua relação? Isso tem criado alguma tensão ou desconforto?"

Escrevendo as Trocas

Peça ao constelado para pegar duas folhas de papel. Na primeira, ele deve listar todas as coisas que tem dado na relação, como tempo, atenção, cuidados emocionais, suporte financeiro, etc. Na segunda folha, ele deve listar tudo o que sente que tem recebido dessa relação.

Meio: Avaliação e Ajuste do Equilíbrio

Análise das Listas

Após escrever as listas, peça ao constelado para compará-las. Ele deve observar se há algum desequilíbrio entre as duas: se há mais coisas na lista de "dar" ou na de "receber". Pergunte: "Você sente que há equilíbrio entre o que você dá e o que recebe? Ou você percebe um excesso em um dos lados?"

Posicionamento dos Bonecos ou Objetos

Agora, o constelado deve utilizar os bonecos ou objetos para representar a si mesmo e o parceiro da relação. Ele deve posicioná-los de acordo com a sensação que tem em relação à troca: se sente que está dando mais, pode colocar seu boneco mais afastado ou em posição de "carga", por exemplo.

Ajuste Simbólico do Equilíbrio

Depois de observar os bonecos, o constelado deve movê-los conforme sinta necessário para ajustar o equilíbrio entre dar e receber. O objetivo é encontrar uma posição que represente uma troca justa, em que ambos os lados estejam contribuindo de forma harmoniosa.

Finalização: Declarações de Equilíbrio

Declarações Sistêmicas

Para reforçar o equilíbrio restaurado, guie o constelado a fazer declarações que promovam o fluxo saudável de dar e receber. Algumas sugestões incluem:

- "Eu vejo o que você me deu e reconheço com gratidão. Agora, ofereço de volta o que posso dar."
- "Eu aceito o que recebi e me permito retribuir de forma equilibrada."
- "Estamos em uma relação de troca mútua e respeito, onde o dar e o receber estão em harmonia."

Encerramento

Peça ao constelado para observar os bonecos novamente e refletir sobre como se sente com o novo equilíbrio encontrado. Pergunte: "Agora que você ajustou a troca, como se sente? Percebe mudanças em suas emoções ou percepções sobre a relação?"

Respiração e Integração

Peça ao constelado que respire profundamente algumas vezes, integrando o aprendizado. Sugira que ele leve essas percepções para o dia a dia, aplicando o equilíbrio de dar e tomar na prática.

Conclusão do Exercício

Este exercício permite que o constelado observe mais

profundamente as trocas em uma relação de parceria, ajudando a restaurar o equilíbrio entre dar e receber. Ao tomar consciência dos excessos e faltas nas trocas, ele pode ajustar suas ações e percepções para manter a harmonia, promovendo uma relação mais saudável e duradoura.

Segunda Ordem da Ajuda – ela está a serviço da sobrevivência e do crescimento

Segunda Ordem da Ajuda: A ajuda está a serviço da sobrevivência e do crescimento – uma planta sendo regada, simbolizando o crescimento e a nutrição que promovem a autonomia.

A Segunda Ordem da Ajuda, estabelecida por Bert Hellinger, nos ensina que a verdadeira ajuda deve estar orientada para a sobrevivência e o crescimento do outro. Isso significa que qualquer ação de ajuda que enfraqueça ou torne a pessoa dependente vai contra o princípio dessa ordem. O objetivo de ajudar é fortalecer, promover a autonomia e apoiar o desenvolvimento pessoal de quem recebe a ajuda, para que ele possa enfrentar seus desafios por conta própria no futuro.

Quando ajudamos alguém sem pensar nas consequências a longo prazo, muitas vezes estamos apenas aliviando um desconforto imediato, mas não contribuímos para o fortalecimento real da pessoa. A ajuda saudável requer que nos perguntemos: "Como posso ajudar esta pessoa de forma que ela se torne mais forte e mais capaz de sobreviver e crescer?"

Exercício 7 – Promovendo o Crescimento Através da Ajuda

Explicação do Exercício

Este exercício é projetado para que o constelado observe suas práticas de ajuda e reflita sobre como pode oferecer suporte de forma que realmente promova o crescimento da outra pessoa. Isso significa reconhecer onde a ajuda pode estar criando dependência ou enfraquecendo o outro e ajustar sua forma de apoiar para permitir que a pessoa se fortaleça e se desenvolva.

Objetivo Sistêmico do Exercício

O objetivo deste exercício é ajudar o constelado a identificar e ajustar suas práticas de ajuda para que estejam verdadeiramente a serviço da sobrevivência e crescimento da outra pessoa. Através da reflexão e prática, o constelado aprenderá a diferenciar a ajuda que fortalece da ajuda que enfraquece e como promover a autonomia de quem a recebe.

Condução do Exercício

Duração: 25-30 minutos

Material Necessário

Papel, caneta e bonecos ou objetos para representar as pessoas a quem o constelado ajuda.

Início: Reflexão sobre a Ajuda

Preparação do Espaço

Prepare um ambiente tranquilo e organizado, onde o constelado possa refletir com clareza e concentração. Disponibilize papel, caneta e bonecos ou objetos que representem as pessoas a quem o constelado costuma ajudar.

Intenção

Explique ao constelado que o objetivo deste exercício é identificar se sua ajuda está promovendo o crescimento e a autonomia das pessoas a quem ele apoia. Pergunte: "Você sente que sua ajuda fortalece ou enfraquece a pessoa? Ela está se tornando mais independente ou mais dependente de você?"

Escrevendo as Dinâmicas de Ajuda

Peça ao constelado que escolha uma ou mais pessoas a quem ele oferece ajuda regularmente. Ele deve escrever em um papel como ele acredita que sua ajuda está impactando essa pessoa, tanto em termos imediatos (sobrevivência) quanto a longo prazo (crescimento).

Meio: Observação e Ajuste das Práticas de Ajuda

Posicionamento dos Bonecos ou Objetos

O constelado deve usar bonecos ou objetos para representar a si mesmo e as pessoas a quem ele ajuda. Ele deve posicioná-los de acordo com sua sensação sobre a relação de ajuda: se ele sente que está ajudando de forma saudável, os bonecos devem estar equilibrados; se ele sente que a ajuda está criando dependência, o boneco da outra pessoa pode estar muito próximo ou em posição de "carência".

Observação do Impacto da Ajuda

Oriente o constelado a refletir sobre as consequências de sua ajuda nas pessoas a quem ele apoia. Pergunte: "Essa pessoa está se fortalecendo com sua ajuda? Ou está se tornando mais fraca e dependente? Como você pode ajustar sua ajuda para promover o crescimento dela?"

Ajuste das Práticas de Ajuda

Depois de refletir sobre o impacto de sua ajuda, o constelado deve ajustar as práticas que não estão promovendo crescimento. Ele pode mover os bonecos simbolicamente, representando como gostaria que a relação de ajuda fosse ajustada para fortalecer a outra pessoa.

Finalização

Declarações de Ajuda Fortalecedora

Declarações Sistêmicas

Para reforçar a nova abordagem, guie o constelado a fazer declarações de ajuda fortalecedoras, como:

- "Eu te ajudo para que você se fortaleça e caminhe por conta própria."
- "Minha ajuda está a serviço do seu crescimento e independência."
- "Eu confio em sua capacidade de crescer e superar seus desafios."

Encerramento

Peça ao constelado que observe as mudanças feitas nos bonecos ou objetos e reflita sobre como se sente com essa nova postura de ajuda. Pergunte: "Como você se sente com a nova forma de ajudar? Isso muda algo na relação com a pessoa que você apoia?"

Respiração e Integração

Peça ao constelado que respire profundamente e integre o aprendizado. Sugira que ele reflita sobre como aplicar esse equilíbrio em sua vida diária, promovendo ajuda que fortalece em vez de enfraquecer.

Conclusão do Exercício

Este exercício permite que o constelado observe o impacto de suas práticas de ajuda e ajuste sua abordagem para promover o crescimento e a sobrevivência de quem ele apoia. Ao tomar consciência de como sua ajuda pode fortalecer ou enfraquecer, ele tem a possibilidade de criar relações mais saudáveis e equilibradas, nas quais a ajuda está verdadeiramente a serviço do fortalecimento e autonomia do outro.

Terceira Ordem da Ajuda – o ajudante precisa colocar-se como adulto

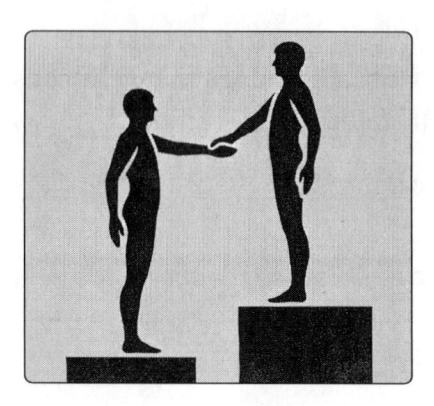

Terceira Ordem da Ajuda: O ajudante precisa se colocar como adulto – figuras em pé, lado a lado, simbolizando maturidade e igualdade na ajuda.

A Terceira Ordem da Ajuda nos ensina que, para ajudar de maneira saudável e eficaz, o ajudante precisa colocar-se como adulto. Isso significa agir com maturidade, responsabilidade e clareza, reconhecendo seus próprios limites e capacidades. Ajudar do lugar de um adulto significa evitar comportamentos de infantilização, como tentar salvar, resolver tudo ou assumir o papel de pai ou mãe. Em vez disso, o ajudante se posiciona como um adulto, permitindo que o outro também seja tratado como um adulto, capaz de lidar com seus próprios desafios.

Quando o ajudante se coloca em uma posição de superioridade ou age como se soubesse o que é melhor para o outro, ele pode, involuntariamente, criar dinâmicas de dependência ou enfraquecer quem está sendo ajudado. Esta ordem da ajuda é um convite para o ajudante atuar a partir de um lugar de igualdade, respeitando o outro como um ser capaz e responsável por sua própria vida.

Exercício 8 –
Colocando-se como Adulto na Ajuda

Explicação do Exercício

Este exercício é projetado para que o constelado reflita sobre suas práticas de ajuda e como ele se posiciona ao oferecer suporte. Ele será incentivado a identificar momentos em que pode ter assumido o papel de pai, mãe ou "salvador", e aprender a agir a partir do lugar de um adulto maduro, promovendo um relacionamento de igualdade e respeito mútuo.

Objetivo Sistêmico do Exercício

O objetivo deste exercício é ajudar o constelado a identificar comportamentos de infantilização em suas práticas de ajuda e aprender a se posicionar como um adulto, promovendo a autonomia e a responsabilidade do outro. Através da reflexão e prática, o constelado poderá ajustar sua forma de ajudar para que ela seja mais equilibrada e respeitosa.

Condução do Exercício

Duração: 20-30 minutos

Material Necessário

Papel e caneta para anotações, bonecos ou objetos para representar o constelado e a pessoa a quem ele oferece ajuda.

Início: Reflexão sobre a Postura na Ajuda

Preparação do Espaço

Crie um ambiente calmo e confortável, onde o constelado possa refletir sem distrações. Disponibilize papel e caneta para anotações, além de bonecos ou objetos para representar as pessoas envolvidas na reflexão.

Intenção

Explique ao constelado que o exercício visa observar como ele se posiciona ao ajudar os outros e se ele está assumindo uma postura de adulto ou de "salvador". Pergunte: "Você se sente responsável por resolver os problemas do outro? Ou consegue reconhecer os limites da sua ajuda e respeitar o papel do outro?"

Escrevendo sobre Dinâmicas de Ajuda

Peça ao constelado que escreva sobre uma situação recente em que ele ofereceu ajuda. Ele deve refletir sobre sua postura durante o processo de ajuda e anotar se ele se posicionou como adulto, respeitando os limites e a autonomia do outro, ou se assumiu um papel de "pai" ou "salvador".

Meio: Avaliação e Ajuste do Papel de Ajudante

Posicionamento dos Bonecos ou Objetos

O constelado deve usar bonecos ou objetos para representar a si mesmo e a pessoa a quem ele ajudou. Ele deve posicionar os bonecos de acordo com a sensação que tem sobre como a relação de ajuda foi estabelecida. Se ele se percebeu assumindo uma postura de superioridade ou de responsabilidade excessiva, o boneco pode estar em uma posição de controle ou de proximidade excessiva.

Observação do Papel de Ajudante

Oriente o constelado a observar o posicionamento dos bonecos e refletir sobre como ele se posicionou na relação de ajuda. Pergunte: "Você se posicionou como um adulto igual, ou como alguém que tenta salvar ou proteger o outro de forma exagerada? Como isso impactou a relação?"

Ajuste da Postura na Ajuda

O constelado deve ajustar sua postura de ajudante. Isso pode ser feito movendo os bonecos de forma a simbolizar uma relação mais equilibrada, na qual ambos os lados são tratados como adultos, e o ajudante não assume responsabilidade excessiva pelos problemas do outro.

Finalização: Declarações de Maturidade e Equilíbrio

Declarações Sistêmicas

Para reforçar a nova postura, guie o constelado a fazer declarações que afirmem seu posicionamento como adulto, por exemplo:

- "Eu te ajudo a partir de um lugar de respeito e maturidade."
- "Eu confio na sua capacidade de lidar com seus desafios."
- "Eu reconheço meus limites e ajudo na medida do que é possível."

Encerramento

Peça ao constelado para observar as mudanças feitas nos bonecos ou objetos e refletir sobre como se sente com essa nova postura de ajuda. Pergunte: "Como você se sente com a nova forma de se posicionar? Isso muda algo na relação com a pessoa que você ajudou?"

Respiração e Integração

Peça ao constelado que respire profundamente e integre o aprendizado. Sugira que ele reflita sobre como pode aplicar essa nova postura de maturidade e equilíbrio em suas próximas interações de ajuda.

Conclusão do Exercício

Este exercício permite que o constelado observe como se posiciona em suas práticas de ajuda e ajusta sua postura para agir a partir de um lugar de adulto, evitando a infantilização e promovendo relações mais saudáveis e respeitosas. Ao se colocar como um adulto, o constelado fortalece o outro e mantém o equilíbrio necessário para uma ajuda saudável.

Quarta Ordem da Ajuda – A pessoa não é um ser isolado

Quarta Ordem da Ajuda: A pessoa não é um ser isolado – uma figura conectada a outras por linhas, representando a interconexão em um sistema maior.

A Quarta Ordem da Ajuda de Bert Hellinger nos lembra que ninguém é um ser isolado; todos fazemos parte de um sistema maior, seja a família, a comunidade ou qualquer outro grupo. Ao ajudar alguém, devemos sempre considerar que essa pessoa está conectada a outras pessoas e a outras dinâmicas. Quando ajudamos alguém, nossa intervenção pode ter impacto em todo o sistema ao qual essa pessoa pertence.

Se ignorarmos as conexões sistêmicas da pessoa, nossa ajuda pode gerar desequilíbrios em outras áreas da vida dela ou no sistema em que ela está inserida. Por exemplo, ao ajudar excessivamente um membro de uma família, podemos, sem perceber, afetar negativamente as relações entre esse membro e os demais. Assim, o ajudante precisa ter em mente que a pessoa a quem está ajudando está sempre conectada a um contexto mais amplo.

Exercício 9 – Considerando o Sistema Maior na Ajuda

Explicação do Exercício

Este exercício é desenhado para que o constelado reflita sobre como a pessoa que ele está ajudando se relaciona com o sistema maior ao qual pertence. Ele será incentivado a observar as dinâmicas familiares, profissionais ou sociais e considerar como sua ajuda pode afetar esses sistemas. O objetivo é aprender a ajudar com consciência sistêmica, respeitando as interconexões que a pessoa tem com os outros.

Objetivo Sistêmico do Exercício

O objetivo deste exercício é ajudar o constelado a perceber a pessoa como parte de um sistema maior e refletir sobre como sua ajuda pode afetar esse sistema. Através dessa prática, o constelado será capaz de ajustar sua ajuda para que ela respeite as interações da pessoa com outras partes do seu sistema familiar, social ou profissional.

Condução do Exercício

Duração: 25-30 minutos

Material Necessário

Papel e caneta para anotações, bonecos ou objetos para representar o constelado, a pessoa que ele está ajudando, e outros membros do sistema.

Início: Reflexão sobre o Sistema da Pessoa

Preparação do Espaço

Organize um ambiente tranquilo onde o constelado possa refletir de maneira clara. Disponibilize papel e caneta para anotações e bonecos ou objetos para representar as pessoas envolvidas.

Intenção

Explique ao constelado que o objetivo do exercício é observar como a pessoa que ele está ajudando se conecta com outras pessoas e sistemas em sua vida. Pergunte: "Você considera como sua ajuda afeta as relações que essa pessoa tem com outras pessoas ao seu redor?"

Escrevendo sobre o Sistema

Peça ao constelado para escrever o nome da pessoa que ele está ajudando e, ao redor desse nome, listar outras pessoas ou sistemas com os quais essa pessoa está conectada (por exemplo, família, colegas de trabalho, amigos, etc.). Ele deve refletir sobre como essas relações podem ser influenciadas pela ajuda que está oferecendo.

Meio: Avaliação das Conexões Sistêmicas

Posicionamento dos Bonecos ou Objetos

O constelado deve usar bonecos ou objetos para representar a pessoa a quem ele está ajudando e as conexões dessa pessoa com os outros sistemas. Ele deve posicionar os bonecos de acordo com a sensação que tem sobre as conexões entre essa pessoa e seus relacionamentos.

Observação do Impacto Sistêmico da Ajuda

Oriente o constelado a observar como sua ajuda pode estar afetando essas conexões.

Pergunte: "Como a sua ajuda pode estar impactando a relação dessa pessoa com seus familiares, amigos ou colegas? Existe algum desequilíbrio que você pode estar gerando sem perceber?"

Ajuste da Ajuda com Consciência Sistêmica

O constelado deve ajustar sua abordagem de ajuda, levando em consideração o impacto sistêmico. Ele pode mover os bonecos ou objetos para representar um equilíbrio mais saudável, em que a ajuda fortalece a pessoa sem prejudicar suas conexões com os outros.

Finalização: Declarações Sistêmicas de Consciência

Declarações Sistêmicas

Para reforçar a nova perspectiva, guie o constelado a fazer declarações que reconheçam as conexões sistêmicas da pessoa a quem ele está ajudando, como:

- "Eu vejo você como parte de um sistema maior e respeito suas conexões."
- "Minha ajuda busca fortalecer você e suas relações com os outros."
- "Eu ajudo com consciência do impacto no seu sistema familiar e social."

Encerramento

Peça ao constelado para observar as mudanças feitas nos bonecos ou objetos e refletir sobre como se sente com essa nova abordagem de ajuda. Pergunte: "Como você se sente ao considerar o sistema maior ao oferecer ajuda? Isso muda algo na sua relação com a pessoa que você está ajudando?"

Respiração e Integração

Peça ao constelado que respire profundamente e integre o aprendizado. Sugira que ele reflita sobre como pode aplicar essa consciência sistêmica nas suas futuras práticas de ajuda, respeitando as interações do outro com seu contexto maior.

Conclusão do Exercício

Este exercício permite que o constelado observe como sua ajuda afeta não apenas a pessoa diretamente, mas também as relações e conexões dessa pessoa com seu sistema maior. Ao considerar a pessoa como parte de um sistema, o constelado pode ajustar sua ajuda de forma a fortalecer o indivíduo sem causar desequilíbrios ou afetar negativamente suas interações com os outros.

Quinta Ordem da Ajuda – ela vem unir o que está separado

Quinta Ordem da Ajuda: Ela vem unir o que está separado – duas mãos alcançando uma à outra com uma ponte entre elas, simbolizando a reconciliação e a união.

A Quinta Ordem da Ajuda estabelece que a ajuda saudável vem para unir o que está separado. Muitas vezes, na dinâmica de ajudar, surgem situações de separação ou desintegração em um sistema, seja familiar, social ou profissional. A verdadeira ajuda não se limita a resolver problemas momentâneos, mas busca integrar aquilo que foi excluído, rompido ou deixado de lado. O objetivo é restaurar a unidade dentro de um sistema, seja ele uma família ou uma comunidade.

Quando ajudamos alguém, devemos estar atentos para promover reconciliação, inclusão e harmonia entre os membros de um sistema, sejam eles familiares ou colegas. Ajudar não deve criar novas divisões ou favorecer um lado em detrimento de outro. Em vez disso, a ajuda precisa ser direcionada para curar as feridas que causam separações, promovendo a reconexão e a cura das relações rompidas.

Exercício 10 – Unindo o que está separado

Explicação do Exercício

Este exercício convida o constelado a refletir sobre situações em que sua ajuda pode estar promovendo ou restaurando a união dentro de um sistema. Ele será incentivado a observar onde existem separações ou exclusões, e como sua ajuda pode servir para reconectar aquilo que foi separado, seja entre pessoas, grupos ou até partes de si mesmo que foram rejeitadas.

Objetivo Sistêmico do Exercício

O objetivo deste exercício é ajudar o constelado a identificar lugares de separação em um sistema (familiar, social ou interno) e refletir sobre como sua ajuda pode promover a união e a reconexão. O constelado aprenderá a ajustar suas práticas de ajuda para que elas sirvam como pontes de reconciliação, em vez de perpetuarem divisões.

Condução do Exercício

Duração: 30-40 minutos

Material Necessário

Papel, caneta e bonecos ou objetos para representar as partes ou pessoas envolvidas.

Início: Reflexão sobre as Separações

Preparação do Espaço

Crie um ambiente tranquilo e organizado, onde o constelado possa se concentrar. Disponibilize papel e caneta para anotações e bonecos ou objetos para representar as pessoas ou partes envolvidas.

Intenção

Explique ao constelado que o objetivo do exercício é identificar onde existem separações em sua vida ou no sistema da pessoa que ele está ajudando. Pergunte: "Existem pessoas, grupos ou partes de si mesmo que você sente que estão separadas ou excluídas? Como sua ajuda pode promover a união?"

Escrevendo sobre as Separações

Peça ao constelado que escreva sobre as áreas de sua vida ou da vida de quem ele está ajudando nas quais percebe separações. Isso pode incluir relações familiares rompidas, amigos afastados ou até partes internas da própria personalidade que foram rejeitadas ou ignoradas.

Meio: Observação e Restauração da União

Posicionamento dos Bonecos ou Objetos

O constelado deve usar bonecos ou objetos para representar as partes separadas. Ele pode posicioná-los de acordo com a sensação que tem sobre a distância ou separação entre essas partes.

Observação do Impacto da Separação

Oriente o constelado a observar os bonecos e refletir sobre como a separação está afetando o sistema. Pergunte: "Como essa separação tem impactado a vida da pessoa ou o sistema ao qual ela pertence? Há uma forma de promover a união entre essas partes?"

Ajuste da Ajuda para Unir

O constelado deve ajustar sua abordagem de ajuda, movendo os bonecos ou objetos de forma a promover a união entre as partes separadas. Ele pode reposicionar os bonecos de maneira que reflitam uma reconexão ou um movimento em direção à cura e inclusão.

Finalização: Declarações Sistêmicas de União

Declarações Sistêmicas

Para reforçar a nova postura, guie o constelado a fazer declarações que promovam a união e a reconexão, como:

- "Eu vejo o que foi separado e promovo a reconciliação."
- "Minha ajuda está a serviço da união e da cura das divisões."
- "Eu honro todas as partes e permito que elas se reconectem de forma saudável."

Encerramento

Peça ao constelado para observar as mudanças feitas nos bonecos ou objetos e refletir sobre como se sente com essa nova abordagem de união. Pergunte: "Agora que você ajustou sua ajuda para promover a união, como isso muda a dinâmica do sistema?"

Respiração e Integração

Peça ao constelado que respire profundamente e integre o aprendizado. Sugira que ele reflita sobre como pode continuar aplicando essa abordagem em sua vida diária, promovendo a cura de separações e a união em suas relações e sistemas.

Conclusão do Exercício

Este exercício permite que o constelado observe como sua ajuda pode servir para unir o que está separado, seja entre pessoas ou em sistemas familiares. Ao tomar consciência das separações e trabalhar para promover a reconexão, o constelado pode ajustar sua ajuda para servir à cura e à inclusão, restaurando a unidade dentro do sistema.

O que é importante sobre este exercício?

2.1 Ajuda com Humildade

A luz e a sombra na imagem remetem à ideia de que tanto quem ajuda quanto quem recebe são partes de um mesmo sistema, refletindo a interdependência presente em todas as relações familiares e sociais. Assim, Ajuda com Humildade torna--se um gesto de cura, que fortalece tanto quem dá quanto quem recebe.

Exercício 11 – Ajudando com Humildade

Explicação do Exercício

A ajuda com humildade significa reconhecer que, ao ajudar, não estamos em uma posição de superioridade em relação ao outro. A verdadeira ajuda acontece de igual para igual, respeitando as capacidades e limitações de quem ajuda e de quem recebe a ajuda. Ajudar com humildade é entender que ambos aprendem e crescem no processo, e que a ajuda não é sobre controlar ou "salvar" o outro, mas oferecer suporte respeitoso e sincero.

Este exercício convida o constelado a refletir sobre como ele oferece ajuda e a identificar se está agindo com humildade ou se, em algum momento, se colocou em uma posição de superioridade.

Objetivo Sistêmico do Exercício

O objetivo deste exercício é ajudar o constelado a identificar comportamentos de arrogância ou superioridade ao oferecer ajuda e a ajustar sua postura para uma ajuda mais humilde e respeitosa. O constelado aprenderá a reconhecer que a ajuda deve ser uma troca entre iguais, na qual ambas as partes são valorizadas.

Condução do Exercício

Duração: 20-30 minutos

Material Necessário

Papel e caneta para anotações e bonecos ou objetos para representar o constelado e a pessoa a quem ele oferece ajuda.

Início: Reflexão sobre a Humildade na Ajuda

Preparação do Espaço

Crie um ambiente tranquilo, onde o constelado possa refletir com clareza e foco. Disponibilize papel e caneta para anotações e bonecos ou objetos para representar as pessoas envolvidas.

Intenção

Explique ao constelado que o exercício visa observar se ele tem ajudado a partir de um lugar de humildade ou se, em algum momento, se colocou em uma posição de superioridade. Pergunte: "Você se sente em uma posição de igualdade quando ajuda alguém, ou sente que está assumindo uma posição de controle ou superioridade?"

Escrevendo sobre Dinâmicas de Ajuda

Peça ao constelado que escreva uma situação recente em que ele ajudou alguém. Ele deve refletir e anotar como se posicionou durante essa ajuda e se, de alguma forma, assumiu uma postura de "salvador" ou de superioridade.

Meio: Avaliação e Ajuste da Postura de Ajuda

Posicionamento dos Bonecos ou Objetos

O constelado deve usar bonecos ou objetos para representar a si mesmo e a pessoa que ele ajudou. Ele deve posicionar os bonecos de acordo com a sensação que tem sobre sua postura de ajuda. Se ele percebeu que assumiu uma posição de superioridade, o boneco que o representa pode estar em uma posição mais elevada ou em um lugar de controle.

Observação do Papel de Ajudante

Oriente o constelado a observar o posicionamento dos bonecos e refletir sobre como ele se posicionou na relação de ajuda. Pergunte: "Você ajudou a partir de um lugar de igualdade, ou percebe que assumiu o controle ou tentou resolver a situação de maneira superior? Como isso impactou a relação?"

Ajuste da Postura de Ajuda

O constelado deve ajustar sua postura para agir a partir de um lugar de humildade e respeito. Ele pode mover os bonecos para simbolizar uma relação mais equilibrada, onde ambos estão no mesmo nível, representando a igualdade e o respeito na troca de ajuda.

Finalização: Declarações de Humildade na Ajuda

Declarações Sistêmicas

Para reforçar a nova postura de humildade, guie o constelado a fazer declarações que afirmem sua intenção de ajudar de igual para igual, como:

- "Eu ajudo com humildade, respeitando sua capacidade de crescer e aprender."
- "Eu reconheço que minha ajuda não me faz superior, e respeito você como meu igual."
- "A ajuda que ofereço vem de um lugar de respeito e aprendizado mútuo."

Encerramento

Peça ao constelado para observar as mudanças feitas nos bonecos ou objetos e refletir sobre como se sente com essa nova postura de ajuda humilde. Pergunte: "Agora que você ajustou sua postura para uma ajuda mais humilde, como se sente em relação à pessoa que você está ajudando?"

Respiração e Integração

Peça ao constelado que respire profundamente e integre o aprendizado. Sugira que ele leve essa postura de humildade para suas futuras interações de ajuda, respeitando o processo de crescimento e aprendizado de ambas as partes.

Conclusão do Exercício

Este exercício permite que o constelado observe se está ajudando com humildade ou se está assumindo uma postura de superioridade. Ao ajustar sua postura para uma ajuda mais equilibrada e respeitosa, ele pode criar relações mais saudáveis, em que a ajuda é uma troca mútua e de respeito, sem controlar ou enfraquecer o outro.

2.2 Ajuda que Enobrece

Essa imagem ilustra que a verdadeira ajuda surge da compreensão de que todos estão interligados, e que o auxílio deve ser oferecido com um espírito de igualdade e respeito pela autonomia do outro.

Exercício 12 – Ajudando de forma que enobrece

Explicação do Exercício

A ajuda que enobrece é aquela que eleva tanto quem ajuda quanto quem recebe. É uma forma de apoio que não enfraquece o outro, mas o fortalece, oferecendo recursos para que ele cresça e se desenvolva. Esse tipo de ajuda promove autonomia, dignidade e respeito mútuo. O objetivo é empoderar o outro, reconhecendo suas capacidades e, ao mesmo tempo, elevando quem oferece ajuda, pois ele faz isso com a intenção de promover o crescimento do outro e não de se colocar acima.

Este exercício convida o constelado a refletir sobre como ele oferece ajuda e como isso está impactando quem recebe. Ele será incentivado a identificar se sua ajuda fortalece e empodera o outro ou se, de alguma forma, cria dependência ou enfraquece a pessoa.

Objetivo Sistêmico do Exercício

O objetivo deste exercício é ajudar o constelado a identificar se sua ajuda está fortalecendo ou enfraquecendo o outro e ajustar sua postura para que a ajuda enobreça e empodere quem recebe. Através da prática, o constelado aprenderá a oferecer apoio que promove dignidade e crescimento, ao invés de criar dependência ou subordinação.

Condução do Exercício

Duração: 20-30 minutos

Material Necessário: Papel e caneta para anotações e bonecos ou objetos para representar o constelado e a pessoa a quem ele oferece ajuda.

Início: Reflexão sobre a Ajuda que Fortalece

Preparação do Espaço

Organize um ambiente tranquilo, onde o constelado possa refletir de maneira clara e focada. Disponibilize papel e caneta para anotações e bonecos ou objetos para representar as pessoas envolvidas.

Intenção

Explique ao constelado que o objetivo do exercício é observar se sua ajuda está fortalecendo ou enfraquecendo o outro. Pergunte: "Quando você oferece ajuda, sente que está empoderando a pessoa ou criando dependência? Sua ajuda promove crescimento e dignidade?"

Escrevendo sobre a Ajuda

Peça ao constelado que escreva sobre uma situação recente em que ele ajudou alguém. Ele deve refletir e anotar se essa ajuda fez com que a pessoa se sentisse mais forte, capaz e digna, ou se, de alguma forma, ela se tornou mais dependente ou enfraquecida por essa ajuda.

Meio: Avaliação e Ajuste da Forma de Ajudar

Posicionamento dos Bonecos ou Objetos

O constelado deve usar bonecos ou objetos para representar a si mesmo e a pessoa que ele ajudou. Ele deve posicionar os bonecos de acordo com a sensação que tem sobre o impacto de sua ajuda. Se ele percebe que a ajuda enfraqueceu o outro, o boneco da pessoa ajudada pode estar em uma posição de "fraqueza" ou dependência.

Observação do Impacto da Ajuda

Oriente o constelado a observar o posicionamento dos bonecos e refletir sobre o impacto de sua ajuda. Pergunte: "Sua ajuda fez com que a pessoa se sentisse mais forte e autônoma, ou ela se tornou mais dependente de você? Como você pode ajustar sua ajuda para que ela enobreça e empodere?"

Ajuste da Ajuda para Fortalecer

O constelado deve ajustar sua forma de ajuda, movendo os bonecos para simbolizar uma relação na qual a ajuda promove crescimento e empoderamento. Ele pode reposicionar os bonecos para refletir uma troca em que ambos se fortalecem, e a pessoa ajudada sente-se digna e capaz.

Finalização: Declarações de Ajuda que Enobrecem

Declarações Sistêmicas

Para reforçar a nova postura de ajuda, guie o constelado a fazer declarações que promovam a ajuda como uma forma de empoderamento, por exemplo:

- "Eu te ajudo de uma forma que enobrece e fortalece sua dignidade."
- "Minha ajuda promove seu crescimento e sua autonomia."
- "Eu ofereço ajuda que eleva a ambos, sem criar dependência."

Encerramento

Peça ao constelado para observar as mudanças feitas nos bonecos ou objetos e refletir sobre como se sente com essa nova postura de ajuda fortalecedora. Pergunte: "Agora que você ajustou sua ajuda para enobrecer e fortalecer, como isso muda a dinâmica da sua relação com a pessoa que você está ajudando?"

Respiração e Integração

Peça ao constelado que respire profundamente e integre o aprendizado. Sugira que ele aplique essa nova abordagem em suas futuras interações de ajuda, promovendo dignidade e crescimento em quem recebe.

Conclusão do Exercício

Este exercício permite que o constelado observe se sua ajuda está fortalecendo ou enfraquecendo o outro, ajustando sua postura para oferecer apoio que enobreça e promova dignidade. Ao reconhecer como sua ajuda pode empoderar ou criar dependência, o constelado pode criar relações mais saudáveis, em que a ajuda é uma troca que eleva e fortalece ambas as partes.

2.3 Respeitando Limites e Limitações na Ajuda

Aqui está a imagem simbólica representando o exercício "Respeitando Limites e Limitações na Ajuda", mostrando duas figuras com uma linha clara entre elas, simbolizando o respeito mútuo aos limites. Ela reflete a importância de manter o equilíbrio, oferecendo ajuda sem invadir o espaço do outro.

Exercício 13 – Respeitando Limites e Limitações na Ajuda

Explicação do Exercício

Respeitar os limites e as limitações, tanto do ajudante quanto de quem recebe ajuda, é fundamental para que a ajuda ocorra de forma saudável e equilibrada. Muitas vezes, ao tentar ajudar, ultrapassamos nossos próprios limites ou os do outro, criando dependência, ressentimento ou esgotamento. A verdadeira ajuda só é sustentável quando ambas as partes reconhecem e respeitam seus próprios limites emocionais, físicos e psicológicos.

Este exercício convida o constelado a refletir sobre seus próprios limites e os limites de quem está ajudando. O objetivo é aprender a reconhecer até onde ele pode ir e quando é necessário parar, para não ultrapassar esses limites.

Objetivo Sistêmico do Exercício

O objetivo deste exercício é ajudar o constelado a identificar e respeitar os limites e limitações nas situações de ajuda, tanto os seus próprios quanto os da pessoa que está sendo ajudada. Através da prática, o constelado aprenderá a definir até onde pode ir e a respeitar o processo do outro, criando uma troca mais saudável e equilibrada.

Condução do Exercício

Duração: 20-30 minutos

Material Necessário

Papel e caneta para anotações e bonecos ou objetos para representar o constelado e a pessoa a quem ele oferece ajuda.

Início: Reflexão sobre os Limites na Ajuda

Preparação do Espaço

Crie um ambiente tranquilo, onde o constelado possa refletir com clareza e foco. Disponibilize papel e caneta para anotações e bonecos ou objetos para representar as pessoas envolvidas.

Intenção

Explique ao constelado que o objetivo do exercício é observar se ele está respeitando seus próprios limites e os limites do outro ao ajudar. Pergunte: "Você sente que está ultrapassando seus limites ao ajudar alguém? Ou percebe que está cruzando os limites da pessoa a quem você está ajudando?"

Escrevendo sobre os Limites

Peça ao constelado que escreva uma situação recente em que ele ofereceu ajuda. Ele deve refletir e anotar se, em algum momento, ele ultrapassou seus próprios limites ou se percebeu que estava invadindo o espaço do outro ao tentar ajudar.

Meio: Avaliação e Ajuste dos Limites na Ajuda

Posicionamento dos Bonecos ou Objetos

O constelado deve usar bonecos ou objetos para representar a si mesmo e a pessoa que ele ajudou. Ele deve posicionar os bonecos de acordo com a sensação que tem sobre o respeito aos limites. Se ele percebeu que invadiu o espaço ou ultrapassou limites, o boneco que o representa pode estar mais próximo do outro do que o necessário.

Observação dos Limites Pessoais e do Outro

Oriente o constelado a observar o posicionamento dos bonecos e refletir sobre se ele está respeitando seus próprios limites e os limites do outro. Pergunte: "Você está ajudando de uma forma que respeita suas limitações e as da outra pessoa? Como você pode ajustar sua ajuda para respeitar melhor esses limites?"

Ajuste da Ajuda para Respeitar Limites

O constelado deve ajustar sua forma de ajuda, movendo os bonecos para simbolizar uma relação na qual os limites são respeitados.

Ele pode reposicionar os bonecos para representar uma distância saudável, onde ele não ultrapassa seus próprios limites nem invade o espaço do outro.

Finalização: Declarações Sistêmicas de Respeito aos Limites

Declarações Sistêmicas

Para reforçar a nova postura de respeito aos limites, guie o constelado a fazer declarações que promovam o equilíbrio e a autonomia, como:

- "Eu respeito meus limites e ofereço ajuda dentro do que é possível para mim."
- "Eu respeito os limites do outro e reconheço até onde posso ir sem invadir seu espaço."
- "Minha ajuda é equilibrada e respeita as limitações de ambos."

Encerramento

Peça ao constelado para observar as mudanças feitas nos bonecos ou objetos e refletir sobre como se sente com essa nova postura de respeito aos limites. Pergunte: "Agora que você ajustou sua ajuda para respeitar seus limites e os do outro, como isso muda sua percepção sobre a relação de ajuda?"

Respiração e Integração

Peça ao constelado que respire profundamente e integre o aprendizado. Sugira que ele aplique essa nova abordagem em suas futuras interações, ajudando dentro de seus próprios limites e respeitando os limites do outro.

Conclusão do Exercício

Este exercício permite que o constelado observe se está ultrapassando seus próprios limites ou os limites do outro ao oferecer ajuda, ajustando sua postura para respeitar essas fronteiras. Ao reconhecer seus próprios limites e os limites do outro, o constelado pode criar relações de ajuda mais saudáveis, evitando o esgotamento e o controle.

O que é importante sobre este exercício?

_____
_____
_____
_____
_____
_____
_____
_____
_____
_____
_____
_____
_____
_____
_____
_____

CAPÍTULO 3:

APLICANDO AS LEIS DO SUCESSO

Este capítulo explora os princípios fundamentais que guiam uma vida bem-sucedida, não apenas em termos materiais, mas também de realização pessoal e harmonia com o sistema familiar. As Leis do Sucesso de Hellinger são orientadas pelas dinâmicas sistêmicas que influenciam nossa relação com o trabalho, o dinheiro, o reconhecimento e as realizações pessoais. Entender essas leis permite que as pessoas harmonizem suas vidas com os fluxos naturais de sucesso e abundância, respeitando seu lugar na família e no sistema mais amplo.

Explicação das Leis do Sucesso de Bert Hellinger

Aqui está a imagem simbólica representando a Explicação das Leis do Sucesso de Bert Hellinger, com uma árvore interconectada, simbolizando o enraizamento familiar e o crescimento em direção ao sucesso.

Bert Hellinger, fundador das constelações familiares, identificou padrões sistêmicos que influenciam nossa capacidade de alcançar sucesso. Esses padrões estão profundamente enraizados na nossa relação com nossos pais, antepassados e com a dinâmica familiar. Ele percebeu que muitas vezes nossas dificuldades em alcançar o sucesso estão ligadas a emaranhamentos familiares ou a um desequilíbrio nas Leis do Amor (pertencimento, hierarquia e equilíbrio), que influenciam diretamente nossas conquistas.

As Leis do Sucesso estão relacionadas ao fluxo da vida, e para que possamos nos conectar com ele é necessário que tenhamos consciência de nossa história familiar e das lealdades invisíveis que podemos estar carregando, as quais bloqueiam nosso progresso.

1. Lei do Pertencimento e Sucesso

Aqui está a imagem simbólica representando a Lei do Pertencimento e Sucesso, com figuras interconectadas e enraizadas, simbolizando a importância da união e do pertencimento no caminho para o sucesso.

Explicação

A primeira Lei do Sucesso está relacionada ao sentimento de pertencimento. Sentir-se pertencente à sua família, ao seu grupo e à sua comunidade é fundamental para que o sucesso se manifeste.

Quando alguém se sente excluído ou assume o lugar de outra pessoa no sistema, há um bloqueio do fluxo de sucesso. Essa exclusão pode se manifestar através de sentimentos de inadequação, de falta de merecimento ou de fracasso constante.

Aplicação

O constelado é convidado a refletir sobre seu lugar na família, identificando se está em harmonia com seus pais e antepassados. A reconciliação com o próprio sistema familiar e a aceitação do pertencimento abrem as portas para o sucesso, pois o constelado se sente apoiado pelo sistema maior ao qual pertence.

Exercício 14 – Para a Lei do Pertencimento e Sucesso

Objetivo

Reconhecer seu pertencimento dentro do sistema familiar e fortalecer a sensação de apoio que isso traz para o sucesso.

Instruções

Visualização do Pertencimento

Sente-se em um lugar confortável, feche os olhos e visualize sua família, incluindo seus pais, avós e antepassados. Imagine todos eles atrás de você, formando uma linha de apoio. Sinta a força e o pertencimento que eles representam, sabendo que você faz parte de algo maior.

Reconhecimento:

Faça uma lista de todas as pessoas que fazem parte do seu sistema familiar, começando pelos mais próximos até os antepassados que você conhece. Reflita sobre qualquer pessoa que foi esquecida ou excluída, e escreva sobre como isso pode estar impactando sua vida hoje.

Integração

Faça uma meditação onde você traz essas pessoas excluídas de volta ao seu coração. Sinta como a inclusão delas fortalece sua sensação de pertencimento e abre as portas para o sucesso.

2. Lei da Hierarquia e Sucesso

Aqui está a imagem simbólica representando a Lei da Hierarquia e Sucesso, com figuras dispostas em uma ordem ascendente, simbolizando o respeito pelas gerações anteriores e o progresso construído sobre essa hierarquia.

Explicação

A segunda Lei do Sucesso está relacionada à hierarquia dentro do sistema familiar e social. Respeitar a ordem de chegada e reconhecer que os mais velhos têm precedência cria um fluxo natural de força e sucesso. Quando essa ordem é invertida, por exemplo, quando um filho tenta assumir o papel dos pais ou carregar o peso deles, o sucesso é comprometido.

Aplicação

O constelado deve identificar se está respeitando a hierarquia natural na família e no ambiente de trabalho. A prática de honrar os pais e os ancestrais, reconhecendo suas dificuldades e desafios, fortalece a base para que o sucesso pessoal seja alcançado. O sucesso flui quando cada um ocupa o seu lugar adequado na hierarquia.

Exercício 15 –
Para a Lei da Hierarquia e Sucesso

Objetivo

Respeitar a ordem e a hierarquia dentro da família, especialmente em relação aos pais e ancestrais.

Instruções

Respeito aos Antecessores:

Visualize seus pais e seus antepassados. Reconheça o lugar de cada um deles na hierarquia familiar. Sinta como cada geração trouxe algo importante para sua vida, mesmo que houvesse desafios ou erros.

Prática de Gratidão:

Escreva uma carta de gratidão para seus pais e avós, agradecendo-lhes por tudo que fizeram, mesmo que tenha sido difícil. Se houve erros ou mágoas, escreva sobre sua disposição de respeitá-los pelo que conseguiram fazer, sem julgamentos.

Reflexão sobre o Papel Pessoal:

Reflita sobre seu lugar na família. Você está assumindo responsabilidades que pertencem a outra pessoa? Você respeita o papel dos mais velhos? Anote suas reflexões e visualize-se devolvendo o peso ou o lugar que não é seu.

3. Lei do Equilíbrio entre Dar e Tomar no Sucesso

Aqui está a imagem simbólica representando a Lei do Equilíbrio entre Dar e tomar no Sucesso, com figuras que equilibram uma balança, simbolizando a harmonia nas trocas e o sucesso que resulta de uma troca justa e equilibrada.

Explicação

A terceira Lei do Sucesso está relacionada ao equilíbrio entre dar e receber. No contexto do sucesso, essa lei se refere ao fluxo justo de trocas nas relações profissionais e pessoais. Quando alguém dá demais sem receber o equivalente, cria um desequilíbrio que bloqueia o fluxo de sucesso. O mesmo acontece quando alguém recebe muito e não retribui.

Aplicação

O constelado é incentivado a observar suas relações no trabalho, na família e em sua vida pessoal, para verificar se existe equilíbrio entre o que ele dá e o que recebe. Esse equilíbrio é essencial para que o sucesso se manifeste de forma sustentável. Reconhecer o que se recebe e retribuir na medida certa, seja com esforço, reconhecimento ou dinheiro, é fundamental para manter o fluxo de sucesso ativo.

Exercício 16 –
Para a Lei do Equilíbrio entre Dar e Tomar no Sucesso

Objetivo

Manter o equilíbrio entre o que você dá e o que recebe nas relações, promovendo o sucesso sustentável.

Instruções

Análise de Trocas:

Durante uma semana, mantenha um registro de suas interações, observando o que você dá e o que você recebe. Isso pode ser no trabalho, com amigos ou na família. Avalie se há equilíbrio nessas trocas.

Exercício de Equilíbrio:

Após uma semana, reveja suas anotações. Onde você está dando mais do que recebendo? Onde você está recebendo mais do que dando? Escreva sobre formas de restaurar o equilíbrio nessas áreas da sua vida.

Declaração de Equilíbrio:

Escolha uma relação importante na sua vida e faça uma declaração em voz alta, afirmando seu desejo de equilibrar a troca entre dar e receber. Isso pode ser algo como: "Eu aceito o que recebi e estou pronto para retribuir de forma justa."

4. Reconciliação com os Pais e Sucesso

Aqui está a imagem simbólica representando a Reconciliação com os Pais e Sucesso, com figuras conectadas por um fio de luz, simbolizando a cura e a restauração das relações familiares.

Explicação

O sucesso na vida está profundamente conectado à nossa relação com nossos pais. Muitas vezes, carregamos julgamentos, mágoas ou afastamentos de nossos pais que afetam diretamente nosso sucesso profissional e pessoal. Isso acontece porque, no nível sistêmico, nossos pais são os primeiros a nos conectar com a vida, e o sucesso é uma extensão dessa conexão.

Aplicação

O constelado é convidado a se reconciliar com seus pais, aceitando-os como são, sem julgamentos. Aceitar os pais, com seus limites e histórias, significa aceitar a vida como ela é. E aceitar a vida como ela é abre o caminho para que o sucesso se manifeste de forma fluida e natural. Quando há reconciliação e paz com os pais, o fluxo de sucesso se torna mais acessível.

Exercício 17 – Para Reconciliação com os Pais e o Sucesso

Objetivo

Curar a relação com os pais para desbloquear o caminho para o sucesso.

Instruções

Carta de Reconciliação:

Escreva uma carta para seus pais (ou apenas para um deles, se houver uma questão mais específica), expressando gratidão por tudo o que você recebeu. Mesmo que existam mágoas, tente reconhecer as boas intenções deles e o esforço que fizeram.

Visualização Curativa:

Feche os olhos e visualize-se quando criança, indo em direção aos seus pais. Veja-se recebendo amor, apoio e aceitação deles. Se houver bloqueios emocionais, imagine esses bloqueios dissolvendo-se à medida que você aceita o amor deles.

Ritual de Liberação:

Queime a carta ou faça um gesto simbólico (como enterrar algo na terra) que represente a liberação de mágoas passadas. Sinta-se aberto para seguir com sua vida, livre dos pesos do passado.

5. Soltando as Lealdades Invisíveis e o Sucesso

Aqui está a imagem simbólica que representa Soltando as Lealdades Invisíveis e o Sucesso, com figuras quebrando correntes, simbolizando a libertação de amarras do passado para abrir caminho ao sucesso.

Explicação

Muitas vezes, nossa dificuldade em alcançar o sucesso está relacionada a lealdades invisíveis que temos com nossos ancestrais. Isso significa que, inconscientemente, podemos estar repetindo padrões de fracasso, escassez ou limitações, para sermos leais a membros da nossa família que também passaram por essas dificuldades.

Aplicação

O constelado deve tomar consciência dessas lealdades invisíveis e libertar-se delas. Isso pode ser feito através de exercícios de constelação familiar que ajudam a trazer à tona esses padrões e a liberar o constelado da necessidade de repetir essas histórias. Soltar essas lealdades libera o caminho para que o sucesso se manifeste de maneira mais plena e sem obstáculos.

Exercício 18 – Para Soltar as Lealdades Invisíveis e Sucesso

Objetivo

Identificar e liberar lealdades invisíveis com a família que bloqueiam seu sucesso.

Instruções

Identificação de Lealdades:

Reflita sobre padrões de fracasso, escassez ou dificuldades que se repetem em sua vida e na de seus familiares. Escreva uma lista de quais comportamentos ou situações você acredita que está repetindo como lealdade a algum membro da família.

Exercício de Separação:

Visualize a pessoa a quem você é leal inconscientemente. Diga em voz alta: "Eu te vejo, mas escolho um caminho diferente. Eu honro a sua história, mas não preciso repetir os seus desafios."

Ritual de Separação:

Encontre um objeto que simbolize essa lealdade (pode ser algo que pertença à pessoa ou algo que represente essa dinâmica). Devolva simbolicamente esse objeto, deixando-o na natureza, queimando-o ou enterrando-o, simbolizando sua escolha de seguir um novo caminho.

6. Conexão com o Fluxo da Vida e o Sucesso

Aqui está a imagem simbólica representando a Conexão com o Fluxo da Vida e o Sucesso, com uma figura fluindo harmoniosamente com as ondas, simbolizando a harmonia e o sucesso que surgem ao seguir o fluxo natural da vida.

Explicação

O sucesso está diretamente relacionado à nossa capacidade de nos conectar com o fluxo natural da vida. Quando estamos em harmonia com o fluxo, conseguimos aproveitar as oportunidades, nos sentimos mais motivados e somos capazes de lidar com desafios de maneira criativa e resiliente.

Aplicação

O constelado é incentivado a observar se está fluindo com a vida ou se está resistindo a ela. Aceitar as mudanças, os altos e baixos e as transformações que a vida traz é parte fundamental do sucesso. A prática de aceitar o fluxo natural da vida, sem resistir ou tentar controlar tudo, abre as portas para que o sucesso se manifeste de forma mais leve e abundante.

Exercício 19 – Para Conexão com o Fluxo da Vida e Sucesso

Objetivo

Reconectar-se com o fluxo natural da vida para permitir que o sucesso flua naturalmente.

Instruções

Meditação com o Fluxo da Vida:

Sente-se em silêncio e concentre-se em sua respiração. Imagine que está flutuando em um rio tranquilo. O rio representa o fluxo da vida. Sinta-se sendo levado suavemente pela corrente, sem resistência. Permita-se relaxar e confiar no fluxo.

Reflexão sobre Resistências:

Anote todas as áreas da sua vida onde você sente que está resistindo ao fluxo da vida (no trabalho, nos relacionamentos, na saúde). Reflita sobre como essa resistência pode estar bloqueando o sucesso e o que você pode fazer para liberar essa tensão.

Ação Inspirada:

Escolha uma área da sua vida em que você sente que tem resistido ao fluxo. Tome uma pequena ação para seguir o fluxo, em vez de resistir a ele. Isso pode ser delegar uma tarefa que você tem medo de largar ou aceitar uma oportunidade que você estava hesitando em seguir.

Conclusão

As Leis do Sucesso de Bert Hellinger nos ensinam que o sucesso é uma extensão do equilíbrio dentro do sistema familiar. Quando estamos em harmonia com nossos pais, respeitamos as hierarquias e mantemos o equilíbrio entre dar e receber, o sucesso flui naturalmente. Este capítulo oferece ferramentas e reflexões práticas para que o constelado possa aplicar essas leis em sua vida e alcançar o sucesso de maneira plena e alinhada com seu sistema familiar.

O que é importante sobre este exercício?

O Caminho do Sucesso – A Visão de Bert Hellinger

Aqui está a imagem simbólica representando O Caminho do Sucesso – A Visão de Bert Hellinger, com uma figura caminhando por um caminho que integra raízes e elementos familiares, refletindo o processo de crescimento pessoal através da conexão com suas raízes familiares.

Este texto tem o propósito de mostrar a visão de Bert Hellinger sobre o movimento que nos leva ao caminho do sucesso e qual o papel essencial que nossa mãe desempenha nesse processo. Ao longo de sua vida, Hellinger estudou como as dinâmicas familiares influenciam profundamente nosso sucesso pessoal e profissional. Ele também observou que o sucesso não pode ser separado das demais áreas da nossa vida, especialmente dos relacionamentos familiares.

O Papel da Mãe no Caminho do Sucesso

Aqui está a imagem simbólica representando O Papel da Mãe no Caminho do Sucesso, destacando a conexão entre mãe e filho através de um fio de luz, simbolizando o apoio, a nutrição e o alicerce que a mãe oferece para o sucesso na vida.

Bert Hellinger enfatiza que nossa mãe é a figura central no caminho para o sucesso. Nossa capacidade de sucesso está diretamente ligada ao relacionamento que temos com ela. Isso porque é através da mãe que recebemos a vida, e o sucesso é uma extensão dessa conexão com a vida.

Em sua visão, o sucesso em qualquer área de nossa vida – seja profissional, pessoal ou social – é reflexo da nossa capacidade de tomar a mãe. Tomar a mãe significa aceitar tudo o que ela representa, desde o seu papel como fonte de nutrição e vida até as limitações que ela possa ter. Quando resistimos ou rejeitamos nossa mãe, essa resistência também se manifesta na nossa vida como bloqueios para o sucesso.

Hellinger acredita que o nosso primeiro grande movimento de sucesso acontece ao nascermos, quando conquistamos nossa chegada ao mundo. O segundo grande movimento é o de ir em direção à nossa mãe para obter nutrição e segurança, o que simboliza nossa abertura para a vida. Esses dois movimentos iniciais são fundamentais para moldar nossa capacidade de alcançar êxito na vida adulta.

Exercício 20 – O Papel da Mãe no Caminho do Sucesso

Objetivo

Reconhecer o papel fundamental da mãe na construção do sucesso pessoal e profissional.

Instruções

Reflexão sobre a Mãe e o Sucesso:

Sente-se em um lugar tranquilo. Reflita sobre o relacionamento que você tem com sua mãe e como ele influenciou sua vida. Escreva sobre como você se sente em relação a ela e quais aspectos desse relacionamento podem estar impactando seu sucesso.

Gratidão à Mãe:

Escreva uma carta à sua mãe, mesmo que não vá entregá-la. Expresse gratidão por tudo o que ela fez por você, reconhecendo que, independentemente de eventuais dificuldades, foi através dela que você recebeu a vida e, portanto, a oportunidade de ter sucesso.

Visualização:

Feche os olhos e visualize-se em um lugar calmo. Imagine-se caminhando em direção à sua mãe. Sinta-se aceitando-a completamente como ela é, com todas as qualidades e imperfeições. Visualize-a lhe oferecendo vida e força para alcançar o sucesso.

A Conexão entre Relações Familiares e Sucesso

Aqui está a imagem simbólica representando A Conexão entre Relações Familiares e Sucesso, com figuras interconectadas por raízes, simbolizando como as relações familiares influenciam e sustentam o sucesso pessoal.

Hellinger afirma que não é possível separar o sucesso profissional da harmonia nas relações familiares. Segundo ele, os mesmos princípios que regem os relacionamentos – as Leis do Pertencimento, da Hierarquia e do Equilíbrio – também governam o sucesso e o fracasso. Essas leis precisam ser respeitadas para que o sucesso possa fluir. Quando há desarmonia familiar, especialmente com os pais, essa desordem pode manifestar-se em outras áreas da vida, como no trabalho e nas finanças.

> Exercício 21 –
> A Conexão entre Relações Familiares e Sucesso

Objetivo

Identificar como as relações familiares afetam diretamente sua capacidade de alcançar sucesso.

Instruções

Árvore Familiar:

Desenhe uma árvore genealógica da sua família. Observe os padrões de sucesso, fracasso, harmonia ou conflito que surgem entre os membros da família. Identifique se algum padrão está se repetindo em sua vida.

Exercício de Reflexão.

Anote como seu relacionamento com seus pais, irmãos ou outros membros da família está influenciando suas conquistas profissionais. Existe algum padrão que você está repetindo? Alguma dinâmica não resolvida que afeta suas ações no trabalho?

Ritual de Liberação:

Se você identificar padrões familiares negativos que estão influenciando seu sucesso, faça um pequeno ritual de liberação. Escreva esses padrões em um pedaço de papel e queime-o como um símbolo de liberação desses padrões. Afirme sua intenção de seguir um caminho diferente, livre das repetições familiares.

Hellinger escreve:

"Às vezes distinguimos, por um lado, entre as áreas da família, a realização e a felicidade nos relacionamentos e, por outro lado, os campos do trabalho e da profissão, como se pudéssemos separá-los. Entretanto, eles seguem as mesmas leis do êxito e fracasso, as mesmas leis da felicidade e da infelicidade, as mesmas leis e ordens na vida e no amor."

O que ele quer dizer é que o sucesso não é um elemento isolado em nossa vida. Ele depende diretamente de como nos relacionamos com nossa família, especialmente com nossos pais. Quando aceitamos plenamente nossos pais, com suas qualidades e limitações, criamos uma base sólida para o sucesso.

O Movimento Interrompido e Seu Impacto no Sucesso

Aqui está a imagem simbólica representando O Movimento Interrompido e Seu Impacto no Sucesso, mostrando a separação entre duas figuras que simbolizam uma conexão interrompida e a possibilidade de cura e reconexão.

Um conceito importante na obra de Hellinger é o movimento interrompido em direção à mãe. Isso ocorre quando, por algum motivo, há uma separação precoce entre mãe e filho – seja por hospitalização, doença ou outras circunstâncias. Essa separação pode criar uma dinâmica de afastamento emocional em que a criança, mesmo quando cresce, mantém uma distância da mãe e, consequentemente, da vida e do sucesso.

Hellinger descreve como essa experiência de separação precoce influencia diretamente a capacidade de um indivíduo de se mover em direção ao sucesso. Assim como a criança pode evitar a mãe após a separação, também pode evitar o sucesso, criando uma barreira emocional e inconsciente que impede o progresso na vida adulta.

A solução, segundo Hellinger, está em reconectar-se com a mãe e com o movimento interrompido, permitindo que o filho volte a caminhar em direção à vida, ao sucesso e às realizações.

Exercício 22 –
O Movimento Interrompido e seu Impacto no Sucesso

Objetivo

Curar o movimento interrompido em direção à mãe para desbloquear o sucesso.

Instruções

Reflexão sobre o Movimento Interrompido:

Pense em eventos da sua infância em que você pode ter-se sentido distante de sua mãe (hospitalização, separações temporárias, conflitos). Como esses eventos influenciaram sua capacidade de se aproximar do sucesso?

Meditação de Cura do Movimento Interrompido:

Sente-se confortavelmente e feche os olhos. Imagine-se como uma criança indo em direção à sua mãe. Se sentir resistência, visualize o que está bloqueando essa aproximação. À medida que você avança, visualize a resistência se dissolvendo e, finalmente, chegando até ela.

Integração

Após a meditação, anote suas percepções. Como você pode aplicar essa cura em sua vida profissional e nas suas buscas por sucesso? Identifique um pequeno passo que você pode dar para ir em direção ao seu sucesso.

Sucesso e o Movimento em Direção à Mãe

Aqui está a imagem simbólica representando Sucesso e o Movimento em Direção à Mãe, com uma figura movendo-se em direção à figura maternal, simbolizando o apoio materno e o alicerce do sucesso.

De acordo com Hellinger, nosso primeiro grande sucesso na vida é o nascimento, seguido pelo movimento em direção à mãe. Esse movimento não é passivo; é algo que exige esforço e participação ativa. Desde a amamentação, a criança precisa trabalhar para receber o leite, e esse processo simbólico reflete nosso movimento em direção ao sucesso na vida adulta.

> *"Tomamos a vida como um todo na medida em que tomamos nossa mãe. Este tomar é ativo. Precisamos sugar para que seu leite flua. Precisamos chamá-la para que venha. Precisamos nos alegrar com o que ela nos presenteia. Através dela ficamos plenos."* – Bert Hellinger

Essa metáfora explica que, assim como tomamos a mãe, tomamos a vida e o sucesso. Quando aceitamos plenamente o que nossa mãe nos oferece, com gratidão e alegria, também estamos abertos para receber o sucesso em outras áreas da vida.

Exercício 24 – Sucesso e o Movimento em Direção à Mãe

Objetivo

Fortalecer o movimento interno em direção à mãe para promover o sucesso na vida adulta.

Instruções

Reflexão sobre o Primeiro Movimento:

Reflita sobre o seu relacionamento com sua mãe quando você era criança. Houve momentos em que você se afastou dela, física ou emocionalmente? Isso afetou sua capacidade de se conectar com o sucesso na vida adulta?

Exercício de Aproximação Simbólica:

Pegue uma fotografia de sua mãe e segure-a por alguns minutos. Enquanto faz isso, reflita sobre o que significa para você ir em direção à sua mãe. Visualize-se aceitando sua mãe em seu coração, reconhecendo-a como a fonte da vida e da força para o sucesso.

Declaração de Aceitação:

Em voz alta ou mentalmente, faça a seguinte afirmação: "Eu aceito minha mãe completamente. Eu recebo a vida que veio dela e a transformo em sucesso em todas as áreas da minha vida".

O Caminho do Sucesso e a Aceitação da Mãe

Aqui está a imagem simbólica representando O Caminho do Sucesso e a Aceitação da Mãe, mostrando a figura materna com os braços abertos, simbolizando a aceitação, o apoio e a influência fundamentais da mãe no sucesso.

O sucesso, segundo Bert Hellinger, começa com a aceitação plena da mãe. Ao honrar nossa mãe e reconhecer tudo o que ela representa – a vida, a nutrição e a força – abrimos o caminho para o sucesso em todas as áreas da vida. O movimento em direção ao sucesso é um reflexo do nosso movimento em direção à vida e, em última instância, em direção à nossa mãe.

Hellinger deixa claro que o sucesso profissional e pessoal está interligado com a nossa história familiar e, especialmente, com o nosso relacionamento com a mãe. Quando conseguimos restabelecer essa conexão e liberar bloqueios, o caminho do sucesso se torna mais fluido e acessível.

Exercício 24a – O Caminho do Sucesso e a Aceitação da Mãe

Objetivo

Aceitar plenamente sua mãe para desbloquear o fluxo do sucesso na vida.

Instruções

Carta de Aceitação:

Escreva uma carta para sua mãe (mesmo que ela já tenha falecido ou você não tenha contato com ela). Nesta carta, expresse sua aceitação completa por tudo que ela é e representa. Reconheça que ela lhe deu o presente mais importante: a vida.

Meditação Guiada:

Sente-se em um local tranquilo. Feche os olhos e imagine sua mãe à sua frente. Visualize-se dizendo a ela: "Eu te aceito como minha mãe e sou grato por tudo que recebi de você". Sinta como essa aceitação desbloqueia um novo fluxo de energia e sucesso em sua vida.

Ação Inspirada:

Após a meditação, faça uma pequena ação em sua vida diária que simbolize o fluxo do sucesso. Isso pode ser uma decisão no trabalho, uma mudança de hábito ou um projeto pessoal que você queira iniciar. Faça essa ação sentindo o apoio invisível da aceitação de sua mãe.

3.1 Sucesso Pessoal e Familiar

O conceito de sucesso muitas vezes é interpretado de maneira individual, sendo visto como a realização de metas e conquistas pessoais, como a carreira, os bens materiais e a realização de sonhos. No entanto, o sucesso verdadeiro e profundo está intrinsecamente ligado à nossa capacidade de nos conectar com nossas raízes familiares e manter relações equilibradas e harmoniosas.

Bert Hellinger, por meio das Constelações Familiares, mostrou que não existe uma separação real entre o sucesso pessoal e o familiar. Para ele, o sucesso em qualquer área da vida – seja profissional, relacional ou financeira – depende da nossa relação com nossa família de origem, especialmente com nossos pais. Ele destacou que, quando estamos em paz com nossa história familiar, temos mais chances de prosperar em todos os aspectos da vida.

A Base do Sucesso Familiar

No contexto familiar, o sucesso se manifesta em diversas formas: desde a harmonia nos relacionamentos, o respeito às hierarquias familiares, até a aceitação de quem somos e de onde viemos. Quando as dinâmicas familiares estão equilibradas, os membros da família se sentem apoiados e fortalecidos para enfrentar os desafios da vida.

O sucesso familiar não é medido apenas pelas conquistas materiais ou pela ausência de conflitos, mas pela capacidade de todos os membros da família de ocuparem seus lugares corretos, respeitarem uns aos outros e darem e receberem amor de forma equilibrada.

A Conexão entre Sucesso Pessoal e Familiar

Muitas vezes, desafios no campo profissional ou na vida pessoal podem ser rastreados até dinâmicas familiares não resolvidas. Lealdades invisíveis, emaranhamentos ou problemas de pertencimento e hierarquia podem gerar bloqueios que se refletem em nossa capacidade de alcançar sucesso.

Hellinger observou que o relacionamento com a mãe está diretamente ligado ao sucesso. Isso porque é dela que recebemos a vida, e aceitar nossa mãe plenamente significa aceitar a vida com todas as suas oportunidades e desafios. A reconciliação com a mãe, a aceitação do que ela nos ofereceu e a gratidão por isso abrem as portas para o fluxo do sucesso.

Da mesma forma, o relacionamento com o pai está vinculado à nossa relação com o mundo exterior, com as conquistas materiais e com a assertividade necessária para atingir metas e nos posicionar no mundo. Quando há paz com o pai, há mais confiança para prosperar e se afirmar.

O Equilíbrio entre Dar e Receber

Uma das leis fundamentais que governam o sucesso tanto pessoal quanto familiar é a lei do equilíbrio entre dar e receber. Dentro do sistema familiar, quando damos e recebemos de forma equilibrada, mantemos o fluxo de energia saudável. Isso se aplica tanto aos relacionamentos familiares quanto às relações externas, como no ambiente de trabalho.

Quando alguém dá mais do que recebe ou recebe mais do que dá, cria-se um desequilíbrio que pode levar ao fracasso ou ao afastamento. Restabelecer esse equilíbrio é essencial para que o sucesso seja sustentável em longo prazo.

A Importância do Pertencimento e da Hierarquia

O sucesso familiar também está diretamente relacionado à sensação de pertencimento. Quando alguém se sente excluído ou não reconhecido dentro do sistema familiar, isso pode gerar bloqueios em outras áreas da vida. Da mesma forma, o respeito à hierarquia – reconhecer o lugar de cada um, especialmente dos pais e ancestrais – cria uma base sólida para que o sucesso floresça.

Integração do Sucesso Pessoal e Familiar

Integrar sucesso pessoal e familiar significa compreender que não estamos isolados em nossa jornada para o sucesso. Nossas conquistas são influenciadas por aqueles que vieram antes de nós, por nossa história e pelas dinâmicas familiares que carregamos. Ao reconhecer e honrar essas conexões, podemos liberar os bloqueios e acessar o verdadeiro sucesso, aquele que é sustentável, harmonioso e equilibrado.

O sucesso, nesse sentido, é muito mais do que uma meta individual: é um estado de ser que se reflete em todas as áreas da vida, nutrido pelas relações que mantemos com nossa família e com nossa história.

O que é importante sobre este exercício?

Exercício Sistêmico 25 – Constelação sobre Sucesso Pessoal e Familiar

Objetivo

Ajudar o constelado a identificar e harmonizar possíveis bloqueios sistêmicos relacionados ao sucesso pessoal e familiar, reconhecendo as dinâmicas familiares que influenciam diretamente sua prosperidade e realização.

Material Necessário:

- Espaço para movimentação (físico ou imaginário);
- Bonecos, figuras ou objetos representando membros da família;
- Papel e caneta para anotações.

Passo a passo

Escolhendo o Tema: O constelado deve definir qual é o foco da constelação. Pergunte a ele:

- "Como você percebe o seu sucesso pessoal e familiar?"
- "Há algum bloqueio que você sente em relação ao sucesso?"
- "Como está sua relação com sua família, principalmente com seus pais?"

O constelado deve expressar o que sente em relação ao sucesso e às suas relações familiares. Esse é o ponto de partida para a constelação.

Escolha dos Representantes: Peça ao constelado para escolher representantes para os seguintes papéis:

- Ele(a) mesmo(a) (representando o sucesso pessoal),
- Sua mãe,
- Seu pai,
- O sucesso familiar (pode ser representado por um símbolo ou boneco).

Caso seja uma autoconstelação, utilize bonecos ou objetos para representar cada um dos papéis acima.

Posicionamento dos Representantes: Instrua o constelado a posicionar os representantes no campo. Se o constelado estiver utilizando bonecos ou objetos, peça que os coloque em uma mesa ou espaço amplo. Se estiver trabalhando com representantes reais (em grupo), oriente o constelado a posicioná-los intuitivamente.

Peça ao constelado para prestar atenção à distância, à direção e à postura de cada representante. Isso trará *insights* sobre como o constelado percebe cada um desses aspectos em sua vida.

Observação Inicial

Permita que o constelado observe o campo. Pergunte:

- "Como você se sente em relação à posição dos representantes?"
- "Você nota alguma tensão ou desconforto entre você e os outros elementos?"

O constelador também pode observar o campo e trazer perguntas adicionais, conforme necessário. Por exemplo, se há uma grande distância entre o constelado e a mãe, isso pode indicar dificuldades em tomar o apoio materno, essencial para o sucesso.

Movimentação e Ajustes

Convide o constelado a movimentar os representantes, caso sinta que algum deles está fora de lugar. Pergunte:

- "O que você sente que precisa mudar?"
- "Onde você sente que cada um deve estar para que o sucesso possa fluir em sua vida?"

Essa movimentação ajuda a ajustar as dinâmicas invisíveis, trazendo mais clareza sobre o que pode estar bloqueando o sucesso.

Frases de Cura: Ao longo da constelação, utilize frases de cura para ajudar o constelado a harmonizar a relação com seus pais e o sucesso. Sugira algumas frases, como:

Para a mãe: "Eu aceito a vida que veio de você. Eu aceito tudo que você me deu e me ofereceu".

Para o pai: "Eu respeito e aceito sua força. Eu tomo sua bênção para seguir em direção ao meu sucesso".

Para o sucesso pessoal: "Eu estou pronto para o sucesso, sem precisar sacrificar minha relação com minha família".

Se o constelado resistir a alguma dessas frases, explore onde estão os bloqueios e permita que ele(a) ajuste as palavras conforme necessário.

Integração: Após a movimentação e as frases de cura, peça ao constelado para observar novamente o campo. Pergunte:

> "O que mudou em relação ao início da constelação?"

> "Como você se sente agora em relação ao seu sucesso pessoal e familiar?"

O constelado deve sentir uma sensação de maior leveza e conexão com os pais e com o conceito de sucesso.

Encerramento: Para encerrar, peça ao constelado que escolha um representante (ou objeto) para o futuro sucesso pessoal e familiar, e posicione-o no campo. Diga:

> "Agora que você integrou as dinâmicas familiares, visualize seu caminho de sucesso à frente. Onde ele está? O que você sente ao vê-lo?"

Permita que o constelado se conecte com esse símbolo, reforçando que o sucesso agora está mais acessível e que ele(a) pode avançar em direção a ele, respeitando a própria história familiar.

Reflexão Final: No final da constelação, convide o constelado a refletir e anotar suas percepções:

> "Quais foram os principais insights que você teve durante a constelação?"

"O que você sente que pode aplicar na sua vida a partir dessa experiência?"

Essas anotações ajudarão o constelado a continuar integrando as lições da constelação ao longo do tempo.

Este exercício sistêmico visa trazer clareza e harmonia às dinâmicas entre sucesso pessoal e familiar, ajudando o constelado a reconhecer a importância de integrar essas duas esferas para alcançar um sucesso equilibrado e sustentável.

3.2 Relacionamento com o Dinheiro

O relacionamento com o dinheiro é um tema que vai além da simples administração financeira. Ele envolve crenças, emoções e padrões herdados, muitos dos quais têm raízes profundas nas dinâmicas familiares e sistêmicas. Bert Hellinger, através do trabalho com as Constelações Familiares, trouxe uma nova perspectiva sobre como nossas relações com o dinheiro são, muitas vezes, reflexo de nossas relações com a família, em especial com nossos pais.

A forma como lidamos com o dinheiro – seja com escassez ou abundância – pode estar profundamente conectada à maneira como nos relacionamos com nossos pais, com as crenças herdadas sobre o valor do trabalho e o merecimento, e com padrões inconscientes que carregamos em nossa vida.

Crenças Familiares sobre o Dinheiro

Uma das principais influências no nosso relacionamento com o dinheiro são as crenças herdadas da nossa família. Crescemos ouvindo frases como "dinheiro não traz felicidade", "é preciso trabalhar duro para ganhar dinheiro" ou "os ricos são pessoas ruins". Essas crenças formam a base do nosso sistema de crenças sobre o que o dinheiro representa e como devemos lidar com ele.

Além disso, em muitas famílias, o dinheiro pode ter sido uma fonte de conflito, tensão ou ansiedade. Talvez os pais tenham passado por dificuldades financeiras, o que gerou um ambiente de escassez e preocupação constante. Ou, em alguns casos, o dinheiro pode ter sido utilizado como forma de controle e poder dentro da família. Todas essas dinâmicas afetam nossa relação adulta com o dinheiro.

O Papel dos Pais no Relacionamento com o Dinheiro

Segundo Bert Hellinger, o relacionamento que temos com nossos pais, especialmente com a mãe, é fundamental para a nossa relação com o dinheiro e o sucesso. A mãe é vista como a fonte de vida e nutrição, e aceitar plenamente o que recebemos dela é um passo importante para abrir o fluxo de abundância em nossas vidas. Se, por algum motivo, rejeitamos ou temos dificuldade em nos conectar com nossa mãe, isso pode se refletir em bloqueios na nossa relação com o dinheiro.

Além disso, o pai também desempenha um papel crucial. Ele representa o mundo exterior, a realização e a nossa capacidade de nos afirmar no mundo. Se há conflitos não resolvidos com o pai, isso pode impactar nossa habilidade de prosperar no ambiente profissional e de conquistar independência financeira.

Padrões de Escassez e Abundância

As dinâmicas familiares podem gerar dois padrões principais em relação ao dinheiro: o padrão de escassez ou o padrão de abundância.

Escassez

O padrão de escassez está relacionado a sentimentos de medo, insegurança e ansiedade em relação ao dinheiro. Muitas vezes, ele surge em famílias em que houve perdas financeiras significativas ou dificuldades em garantir estabilidade. Esse padrão pode manifestar-se em comportamentos de avareza, medo constante de gastar dinheiro ou incapacidade de acumular riqueza.

Abundância

O padrão de abundância, por outro lado, está associado à fluidez, confiança e gratidão em relação ao dinheiro. As pessoas que têm uma relação equilibrada com o dinheiro enxergam-no como um recurso que vem e vai, e que pode ser utilizado para gerar mais valor e crescimento. Elas não têm medo de gastar, investir ou compartilhar o que têm, pois confiam que o fluxo financeiro continuará.

O Equilíbrio entre Dar e Receber

Uma das leis mais importantes que afetam o relacionamento com o dinheiro é a Lei do Equilíbrio entre Dar e Receber, que também é uma das Leis Sistêmicas de Bert Hellinger. Essa lei determina que, para que o dinheiro flua de forma saudável, deve haver um equilíbrio nas trocas. Quando alguém dá mais do que recebe, ou recebe mais do que dá, cria-se um desequilíbrio que pode gerar bloqueios.

No contexto financeiro, isso significa que tanto a generosidade excessiva quanto a avareza podem prejudicar o fluxo de dinheiro. Para manter uma relação saudável com o dinheiro, é importante encontrar um equilíbrio entre a doação e a recepção.

Exercício 26 – Harmonizar o Relacionamento com o Dinheiro

Passo 1: Identifique suas crenças sobre o dinheiro

Anote todas as crenças que você ouviu durante a infância sobre dinheiro. Por exemplo: "O dinheiro é sujo", "É preciso trabalhar muito para ganhar dinheiro", "Eu nunca vou conseguir ser rico". Reflita sobre como essas crenças podem estar influenciando sua vida atualmente.

Passo 2: Reflita sobre a relação com seus pais

Escreva sobre sua relação com seus pais, em particular sobre como eles lidavam com o dinheiro. Havia harmonia ou tensão em relação às finanças? Como você se sentia ao ver seus pais lidarem com dinheiro? Isso impacta a forma como você lida com o dinheiro hoje?

Passo 3: Reconheça a origem do dinheiro em sua vida

Feche os olhos e visualize seus pais como a fonte inicial de tudo o que você recebeu, incluindo dinheiro e nutrição. Diga mentalmente: "Eu aceito o que recebi de vocês com gratidão. Eu tomo a vida e todas as oportunidades que vieram através de vocês".

Passo 4: Alinhe-se com a abundância

Visualize o dinheiro como uma corrente de água que flui em sua direção. Sinta que você está em equilíbrio com essa corrente, permitindo que o dinheiro venha até você e que você o utilize para seu bem e o bem dos outros. Afirme: "Eu estou aberto para receber e para compartilhar a abundância em minha vida".

Conclusão

Nosso relacionamento com o dinheiro é, muitas vezes, reflexo das dinâmicas familiares e sistêmicas que carregamos. Ao reconhecer as crenças e padrões herdados e ao trabalhar para harmonizar essas dinâmicas, podemos abrir o caminho para uma relação mais saudável e equilibrada com o dinheiro. Isso nos permite acessar um estado de maior fluidez e abundância, tanto na vida pessoal quanto profissional.

Exercício 27 – Relacionamento com o Dinheiro

Objetivo

Ajudar o constelado a identificar e liberar dinâmicas ocultas que afetam sua relação com o dinheiro. Esse exercício tem como foco a harmonização da relação com o dinheiro, reconhecendo padrões familiares, crenças herdadas e bloqueios sistêmicos.

Passo a Passo

Escolhendo o Tema: O constelado deve definir qual aspecto específico de seu relacionamento com o dinheiro gostaria de trabalhar.

Pode ser algo relacionado à escassez, bloqueios financeiros, dificuldade em manter dinheiro, medo de perder dinheiro ou até mesmo crenças limitantes.

Pergunte ao constelado:

- "Como você percebe o dinheiro em sua vida atualmente?"
- "Quais são suas principais dificuldades em relação ao dinheiro?"
- "O que você gostaria que mudasse em sua relação com o dinheiro?"

O constelado deve expressar seu principal desafio financeiro, que será o foco da constelação.

Escolha dos Representantes: O constelado deve escolher representantes para os seguintes elementos:

- Ele(a) mesmo(a) (representando sua relação com o dinheiro);
- O dinheiro (pode ser representado por um objeto ou figura);
- Sua mãe (para observar como a relação com a mãe influencia sua capacidade de aceitar e lidar com dinheiro);
- Seu pai (para observar como a relação com o pai impacta a ação no mundo e a obtenção de recursos).

Caso seja uma autoconstelação, o constelado pode usar bonecos, figuras ou outros objetos para representar esses papéis. Em um grupo, os representantes serão pessoas.

Posicionamento dos Representantes: Instrua o constelado a posicionar os representantes no campo. Peça que coloque os representantes (sejam bonecos ou pessoas) de forma intuitiva, observando a distância entre eles. Preste atenção na proximidade ou afastamento dos pais em relação ao constelado e ao dinheiro.

Diga ao constelado

"Coloque cada representante onde você sente que eles estão em sua vida agora."

Observação Inicial: Peça ao constelado para observar a disposição dos representantes no campo.

Pergunte
- "Como você se sente ao olhar para o dinheiro neste campo?"
- "Qual é a sua sensação em relação à sua mãe e ao seu pai aqui?"
- "Você sente apoio vindo dos seus pais em relação ao dinheiro?"

Observe as dinâmicas entre o constelado e o dinheiro, e também entre o constelado e seus pais. Isso revelará se há emaranhamentos ou bloqueios em relação ao fluxo financeiro.

Movimentação e Ajustes: Convide o constelado a fazer ajustes no campo, se sentir que algo precisa mudar.

Pergunte
- "Onde você gostaria de estar em relação ao dinheiro?"
- "O que você sente que precisa mudar para que sua relação com o dinheiro melhore?"

Permita que o constelado mova os representantes conforme sentir necessário. À medida que os representantes se movem, isso pode liberar bloqueios ocultos e trazer novas percepções.

Frases de Cura: Utilize frases de cura ao longo da constelação para ajudar o constelado a harmonizar sua relação com o dinheiro e com os pais. Sugira algumas frases, como:

Para o dinheiro: "Eu aceito você na minha vida como parte da minha abundância e sucesso."

Para a mãe: "Eu aceito a vida e tudo que veio de você, inclusive a capacidade de prosperar."

Para o pai: "Eu tomo sua força e sua orientação para prosperar no mundo."

Caso o constelado sinta resistência a alguma dessas frases, pergunte o que está bloqueando essa aceitação e explore essas dinâmicas.

Integração e Aproximação: À medida que o constelado aceita as frases e ajusta o campo, incentive-o a se aproximar do representante do dinheiro.

Pergunte

- "Como você se sente agora em relação ao dinheiro?"
- "Você sente que há mais fluxo entre você e o dinheiro?"

Permita que o constelado experimente essa nova disposição, integrando o apoio dos pais e permitindo que o dinheiro flua com mais facilidade.

Encerramento: Para encerrar, peça ao constelado que visualize o campo agora harmonizado. Sugira que ele faça mentalmente uma afirmação de gratidão e compromisso com o dinheiro:

> *"Eu aceito o dinheiro como parte do fluxo natural da vida. Eu permito que ele venha e vá com harmonia e equilíbrio."*

Isso ajuda a reforçar a sensação de equilíbrio no campo e permite que o constelado leve essa nova perspectiva para a vida prática.

Reflexão Final: No final da constelação, convide o constelado a refletir sobre as mudanças observadas:

- "O que você percebeu sobre seu relacionamento com o dinheiro?"
- "Como isso pode influenciar suas escolhas e ações no futuro?"

Essas reflexões ajudarão o constelado a manter a conexão com o dinheiro em um estado de maior harmonia e equilíbrio.

Conclusão

Este exercício sistêmico permite que o constelado explore suas dinâmicas familiares e sistêmicas relacionadas ao dinheiro. Ele revela emaranhamentos e bloqueios que podem estar impedindo o fluxo financeiro e ajuda a liberar o caminho para um relacionamento mais saudável, equilibrado e próspero com o dinheiro.

3.3 Padrões de Sucesso e Fracasso no Sistema

Padrões de Sucesso e Fracasso no Sistema

Os padrões de sucesso e fracasso dentro do sistema familiar são dinâmicas profundas que, muitas vezes, são transmitidas de geração em geração de forma inconsciente. Esses padrões podem influenciar diretamente a forma como vivemos nossas vidas, a maneira como nos relacionamos com o trabalho, o dinheiro, e até mesmo o conceito de sucesso em si.

Nas Constelações Familiares, Bert Hellinger identificou que as dinâmicas sistêmicas que governam o sucesso ou o fracasso são muitas vezes invisíveis e enraizadas em eventos não resolvidos do passado familiar. Essas dinâmicas podem envolver traumas, perdas, exclusões e lealdades familiares inconscientes, que impactam a capacidade de um indivíduo alcançar o sucesso ou evitar o fracasso.

Origem dos Padrões de Sucesso e Fracasso

Os padrões de sucesso e fracasso podem ter diversas origens dentro do sistema familiar, como:

• **Exclusão de Membros da Família:** Quando um membro da família é excluído, ignorado ou desonrado, outros membros do sistema podem, inconscientemente, repetir padrões de fracasso como forma de lealdade. Essa lealdade invisível busca manter uma conexão com o excluído, resultando em dificuldades em avançar ou prosperar.

• **Lealdades Invisíveis:** A lealdade invisível é uma das dinâmicas mais poderosas que afeta o sucesso. Isso ocorre quando, de forma inconsciente, um descendente sente que não pode superar o sucesso ou fracasso de um membro anterior da família. Por exemplo, uma pessoa pode evitar o sucesso financeiro para se manter "leal" a um antepassado que viveu em escassez.

• **Padrões Repetitivos:** Traumas e eventos significativos, como falências, falhas empresariais, ou experiências de grande sucesso, podem gerar um padrão repetitivo ao longo das gerações. Esses padrões repetidos, quando não resolvidos, podem continuar aparecendo como barreiras ou bloqueios para os descendentes.

• **Crenças Limitantes Herdadas:** Muitas crenças limitantes sobre o sucesso, dinheiro e trabalho podem ser herdadas de gerações anteriores. Frases como "dinheiro não traz felicidade", "não se pode confiar em pessoas ricas" ou "é preciso sofrer muito para ter sucesso" moldam a maneira como os descendentes lidam com oportunidades de sucesso.

Sucesso e a Relação com os Pais

Segundo Hellinger, o sucesso na vida pessoal e profissional está fortemente relacionado à aceitação dos pais. O relacionamento com a mãe está diretamente vinculado à nossa capacidade de receber (vida, abundância, apoio), enquanto o relacionamento com o pai influencia a maneira como nos movemos pelo mundo e conquistamos nosso lugar na sociedade.

• **Aceitação da Mãe:** Aceitar plenamente a mãe, com todas as suas qualidades e limitações, abre o fluxo da vida. Aqueles que rejeitam a mãe ou não conseguem conectar-se com ela podem experimentar bloqueios em sua capacidade de receber a vida em sua plenitude, o que impacta diretamente o sucesso.

• **Força do Pai:** O pai simboliza o mundo exterior, a ação no mundo, a coragem e a capacidade de enfrentar desafios. Quando há conflitos ou desconexões com o pai, o indivíduo pode ter dificuldades em se afirmar, conquistar autonomia ou prosperar profissionalmente.

A Dinâmica do Fracasso como Forma de Lealdade

O fracasso pode, muitas vezes, ser uma forma de lealdade invisível à dor, ao sofrimento ou à escassez experimentada por gerações anteriores. Algumas situações comuns incluem:

• **Fracasso por Lealdade ao Excluído:** Quando um membro da família foi excluído, desonrado ou esquecido, outro membro do sistema pode, inconscientemente, fracassar em sua vida ou carreira como uma forma de lembrar e "compensar" a exclusão do antepassado.

• **Fracasso para Proteger os Pais:** Quando os pais enfrentaram dificuldades financeiras ou pessoais, o descendente pode, inconscientemente, se limitar ou se sabotar para não "superar" os pais, como forma de demonstrar lealdade e amor.

O Papel da Ordem e da Hierarquia no Sucesso

Respeitar a hierarquia dentro do sistema familiar é uma das chaves para o sucesso. A hierarquia está relacionada ao reconhecimento do lugar de cada um dentro do sistema. Quando essa ordem é respeitada, o fluxo de energia entre as gerações acontece de maneira harmoniosa, permitindo que o sucesso se manifeste.

• **Respeitar os Antecessores:** Quando os descendentes reconhecem e honram a contribuição e os desafios dos antecessores, eles se conectam com a força e a sabedoria que os ajuda a avançar. O sucesso, nesse caso, é visto como uma continuidade dos esforços e sacrifícios feitos pelas gerações anteriores.

• **Violação da Hierarquia:** Quando alguém tenta "tomar o lugar" de outro na hierarquia familiar (por exemplo, quando um filho se coloca no lugar de um pai), isso pode resultar em bloqueios e fracasso. O respeito à ordem é essencial para que o fluxo do sucesso seja natural e fluido.

Cura e Libertação dos Padrões de Fracasso

A cura desses padrões começa com a conscientização. É essencial identificar as dinâmicas invisíveis que estão em jogo e reconhecer as influências do sistema familiar. Através da Constelação Familiar, é possível trazer à luz essas dinâmicas e começar um processo de reconciliação e cura.

• **Reconhecendo e Honrando os Antepassados:** O primeiro passo é reconhecer e honrar os antepassados e os desafios que eles enfrentaram. Isso pode ser feito através de frases de cura, como: "Eu vejo sua dor e seu sofrimento, e escolho honrá-lo(a) ao seguir adiante".

- **Aceitando os Pais como Eles São:** A aceitação dos pais, com todas as suas limitações e sucessos, é fundamental para liberar bloqueios ao sucesso. O constelado pode trabalhar com frases como: "Eu aceito minha mãe e meu pai como eles são, e tomo a vida e o sucesso que me foi dado através deles".

- **Romper com Lealdades Invisíveis:** Quando identificado que há uma lealdade invisível em ação, o constelado pode trabalhar para liberá-la, afirmando: "Eu sou leal a você, mas sigo o meu próprio caminho de sucesso".

- **Restabelecendo a Ordem:** Caso a constelação revele que a ordem hierárquica foi violada, o constelador pode ajudar a restabelecer essa ordem, permitindo que o constelado retome seu lugar de forma adequada dentro do sistema.

Conclusão

Os padrões de sucesso e fracasso no sistema familiar são influenciados por lealdades invisíveis, exclusões, crenças herdadas e dinâmicas não resolvidas. Através da Constelação Familiar, esses padrões podem ser identificados e harmonizados, permitindo que o indivíduo libere bloqueios e avance em direção a um sucesso mais pleno e sustentável, em alinhamento com o sistema familiar e suas leis.

> Exercício 28 –
> Constelação Familiar para Padrões de Sucesso e Fracasso no Sistema

Objetivo

Ajudar o constelado a identificar e liberar padrões sistêmicos que perpetuam o fracasso ou limitam o sucesso. Esse exercício visa trazer à luz dinâmicas ocultas de lealdades familiares, exclusões e bloqueios que interferem na prosperidade.

Passo a Passo

Escolha do Tema: O constelado deve definir o aspecto relacionado ao sucesso ou fracasso que deseja trabalhar. Faça perguntas que o ajudem a identificar padrões:

- "Você sente que há algo que impede seu sucesso pessoal ou profissional?"
- "Você percebe algum padrão repetido de fracasso em sua vida ou em sua família?"
- "Você se sente preso a algum destino ou dificuldade que parece recorrente?"

O constelado pode apontar um padrão que ele mesmo percebe ou uma dificuldade geral com o sucesso.

Escolha dos Representantes: O constelado deve escolher representantes para os seguintes elementos:

- Ele(a) mesmo(a) (como representante do sucesso ou fracasso atual);
- O sucesso (pode ser representado por uma figura ou símbolo);
- O fracasso (como uma força contrária ao sucesso);
- Antepassados que podem ter vivido dificuldades financeiras ou profissionais (se conhecidos);
- Qualquer figura relacionada a uma exclusão ou trauma que o constelado saiba (opcional, caso surja no processo).

Caso o constelado esteja fazendo uma autoconstelação, pode usar bonecos, figuras ou objetos para representar esses elementos.

Posicionamento dos Representantes: Instrua o constelado a posicionar os representantes no campo. Oriente-o a colocar cada elemento em uma posição que faça sentido, de acordo com o que ele sente em relação ao sucesso e ao fracasso.

Diga ao constelado

"Posicione-se e os outros elementos de acordo com o modo que você sente que eles estão presentes na sua vida."

Permita que ele coloque o sucesso, o fracasso e os antepassados intuitivamente.

Observação Inicial: Pergunte ao constelado:

- "Como você se sente ao observar a disposição entre você e o sucesso?"
- "Como é a relação entre o fracasso e os antepassados neste campo?"
- "Você sente alguma força invisível o impedindo de alcançar o sucesso?"

O constelador pode observar se há proximidade com o fracasso ou afastamento do sucesso. Se houver padrões familiares, isso poderá emergir visualmente.

Movimentação e Ajustes: Convide o constelado a fazer ajustes no campo, se sentir que algo está "fora de lugar".

Pergunte

- "O que você sente que precisa mudar na relação entre você e o sucesso?"
- "Você quer se aproximar ou se afastar de algum elemento neste campo?"

O constelado pode, por exemplo, movimentar o fracasso para longe ou trazer os antepassados mais para perto, buscando uma posição de honra e respeito.

Frases de Cura: Utilize frases de cura para liberar bloqueios relacionados ao sucesso e fracasso. Algumas frases possíveis são:

Para os antepassados que passaram por fracasso: "Eu vejo sua dor e honro seu destino. Eu permito que você permaneça no passado, e escolho seguir em frente com sucesso."

Para o fracasso: "Eu reconheço você como parte da minha história, mas não preciso mais seguir esse caminho."

Para o sucesso: "Eu aceito o sucesso que está disponível para mim, sem trair minha família ou minhas raízes."

Se o constelado tiver dificuldade em dizer essas frases, pergunte sobre o bloqueio e explore o que ele sente ao tentar conectar-se com o sucesso.

Integração dos Antepassados: Se forem identificados antepassados que passaram por fracasso, peça ao constelado para honrá-los com uma frase de aceitação. Isso pode liberar o padrão sistêmico de fracasso.

Diga

> *"Você pode olhar para esses antepassados e dizer: 'Eu honro o que vocês passaram, mas eu sigo em frente com sucesso, sem repetir seus destinos'."*

Esse passo é essencial para liberar a lealdade invisível que pode estar mantendo o constelado em um padrão de fracasso.

Encerramento: Para encerrar, peça ao constelado que observe o campo novamente e pergunte:

- "O que mudou no campo após as frases e movimentações?"
- "Como você se sente em relação ao sucesso agora?"

O constelado deve perceber uma mudança na percepção do sucesso e uma sensação de leveza ou liberdade em relação aos padrões anteriores.

Reflexão Final: Ao final, convide o constelado a refletir sobre o que aprendeu durante a constelação:

- "Você conseguiu identificar algum padrão repetido de fracasso em sua vida?"
- "Como você pode aplicar as mudanças desta constelação em sua vida prática?"

Essas reflexões ajudam o constelado a continuar integrando as mudanças trazidas pela constelação, especialmente em sua relação com o sucesso e o fracasso.

Conclusão

Este exercício sistêmico permite que o constelado identifique e resolva padrões de sucesso e fracasso no sistema familiar. Ao reconhecer as lealdades invisíveis, as exclusões e os padrões herdados, o constelado pode liberar bloqueios e abrir caminho para um sucesso mais pleno e sustentável.

O que é importante sobre este exercício?

_____
_____
_____
_____
_____
_____
_____
_____
_____
_____
_____
_____
_____

CAPÍTULO 4:

EXPLORANDO LEALDADES INVISÍVEIS E EMARANHAMENTOS

No contexto das Constelações Familiares, lealdades invisíveis e emaranhamentos são dinâmicas profundas que podem influenciar e, muitas vezes, limitar nossas vidas. Esses fenômenos sistêmicos, embora geralmente inconscientes, afetam nossa capacidade de viver de forma plena, nossa saúde, nossos relacionamentos e até mesmo nossa prosperidade. O entendimento e a exploração dessas forças são cruciais para liberar bloqueios e permitir que o fluxo natural da vida aconteça.

Lealdades Invisíveis: O Que São?

As lealdades invisíveis referem-se a compromissos e vínculos silenciosos que temos com membros do nosso sistema familiar, frequentemente com gerações anteriores. Esses compromissos se formam na tentativa de "pertencer" ao sistema ou de honrar as dificuldades, dores e sacrifícios de nossos antepassados. No entanto, essas lealdades, quando inconscientes, podem nos limitar profundamente, criando comportamentos ou destinos repetitivos que não condizem com nossa vida atual.

Exemplos de lealdades invisíveis incluem:

- Repetição de padrões de fracasso econômico, como forma de honrar antepassados que passaram por dificuldades financeiras.

- Adoecer ou enfrentar dificuldades de saúde por uma lealdade inconsciente a um antepassado que morreu jovem ou viveu uma vida de sofrimento.

- Sabotagem de relacionamentos por "lealdade" a um pai ou mãe que não tiveram sucesso em seus relacionamentos.

- A lealdade invisível é uma maneira de permanecer conectado aos antepassados, mas muitas vezes isso ocorre à custa do nosso próprio bem-estar e prosperidade.

O que são emaranhamentos?

Os emaranhamentos são padrões em que nos envolvemos, muitas vezes de maneira inconsciente, em dinâmicas familiares que não pertencem a nós diretamente. Eles podem ocorrer quando uma pessoa "carrega" o destino de outro membro da família, tomando para si sentimentos, responsabilidades ou cargas emocionais que pertencem a outra pessoa.

Por exemplo

- Um filho pode assumir um emaranhamento com o destino de um avô que foi excluído ou injustiçado, tentando compensar a injustiça, mesmo sem saber conscientemente da história familiar.

- Um membro da família pode sentir que deve repetir o destino trágico de um antecessor, seja em termos de saúde, finanças ou relacionamentos.

- O emaranhamento faz com que o indivíduo carregue um fardo que não é seu, e isso pode resultar em bloqueios e dificuldades em várias áreas da vida, incluindo saúde, carreira, relacionamentos e prosperidade.

Como identificar lealdades invisíveis e emaranhamentos?

Essas dinâmicas geralmente não são facilmente percebidas conscientemente. Entretanto, há sinais claros que podem indicar a presença de uma lealdade invisível ou um emaranhamento:

- **Padrões Repetitivos:** Situações cíclicas de fracasso, dificuldades financeiras, problemas de relacionamento ou doenças que parecem repetir-se geração após geração.
- **Sensação de Peso ou Bloqueio:** A sensação de estar carregando um fardo pesado sem saber exatamente o porquê, ou sentir-se "preso" em determinada área da vida, sem aparente explicação lógica.
- **Dificuldade em Prosperar ou Seguir em Frente:** Apesar dos esforços, a pessoa não consegue prosperar, seja em termos financeiros, profissionais ou pessoais, e parece sempre bater nas mesmas barreiras invisíveis.

A importância de liberar lealdades e emaranhamentos

As lealdades invisíveis e os emaranhamentos são formas de mantermos nossa conexão com a família, mas, ao fazê-lo, sacrificamos nossa própria liberdade e realização. A constelação familiar é uma das maneiras mais eficazes de trazer essas dinâmicas à consciência, permitindo que possamos honrar nossos antepassados sem a necessidade de repetir seus destinos ou carregar suas dores.

Liberar essas lealdades é um processo de dar a cada membro da família seu lugar e destino, e reconhecer que a melhor forma de honrá-los é vivendo plenamente nossa própria vida.

Frases de cura para lealdades invisíveis e emaranhamentos

No processo de constelação, frases de cura podem ajudar a liberar essas dinâmicas.

Algumas frases comuns incluem

Para lealdades invisíveis:

"Querido(a) antepassado(a), eu vejo sua dor, mas escolho seguir o meu próprio caminho. Eu honro sua vida ao viver plenamente a minha."

Para emaranhamentos:

"Eu devolvo a você o que pertence a você, e tomo de volta o que é meu. Cada um carrega o seu próprio destino."

Essas frases ajudam a restabelecer a ordem no sistema familiar e liberar o constelado do fardo de carregar destinos ou dores que não são suas.

Constelação familiar para lealdades invisíveis e emaranhamentos

Uma das formas de lidar com essas dinâmicas é através de uma constelação familiar. Nesse processo, os representantes de diferentes membros da família ou símbolos são colocados no campo, e as dinâmicas ocultas começam a se revelar. Através de movimentos no campo e da utilização de frases de cura, o constelador ajuda o constelado a perceber onde está a lealdade ou emaranhamento e como liberá-lo.

Exercício 29 – Constelando Lealdades Invisíveis e Emaranhamentos

Identificação do Tema

O constelado expressa que tem dificuldade em prosperar financeiramente, apesar de se esforçar muito. Ele sente que algo sempre o impede de avançar.

Escolha de Representantes:

São escolhidos representantes para o constelado, para o sucesso financeiro e para um antepassado (avô), sobre o qual ele sabe que perdeu tudo durante uma crise financeira.

Posicionamento e Observação:

No campo, o avô está afastado, e o constelado está mais próximo do fracasso do que do sucesso. Isso indica uma lealdade invisível com o avô e sua história de perda.

Movimentos e Frases de Cura:

O constelado é convidado a dizer: "Querido avô, eu honro sua vida e suas lutas. Mas eu escolho seguir o meu caminho de sucesso. Eu tomo a força de sua história e sigo em frente, sem repetir o seu destino".

Integração

Após os movimentos e as frases de cura, o constelado sente-se mais leve e consegue visualizar o sucesso financeiro mais próximo, indicando que a lealdade invisível foi liberada.

Conclusão

Explorar as lealdades invisíveis e os emaranhamentos é fundamental para quem busca viver uma vida mais plena e livre de bloqueios sistêmicos. Através da constelação familiar, é possível trazer à luz essas dinâmicas e, com isso, liberar os fardos que limitam nosso potencial de crescimento e realização. Com esse processo, aprendemos a honrar nossos antepassados e suas histórias, mas sem a necessidade de repetir seus destinos ou carregar suas dores.

4.1 Identificando Lealdades Invisíveis

As lealdades invisíveis são dinâmicas profundamente enraizadas no sistema familiar, nas quais os membros, geralmente de maneira inconsciente, se sentem obrigados a manter conexões ou repetir destinos e padrões de comportamento herdados de seus antepassados. Essas lealdades surgem de um instinto profundo de pertencimento e de manter o equilíbrio e a harmonia dentro do sistema familiar, mas muitas vezes resultam em limitações ou sacrifícios pessoais.

Identificar essas lealdades invisíveis é um passo crucial para libertar-se de padrões que impedem o crescimento e a realização pessoal, financeira e relacional. No entanto, por estarem "invisíveis", ou seja, atuando no campo inconsciente, elas são difíceis de perceber sem um processo de reflexão profunda ou de intervenção sistêmica, como a Constelação Familiar.

Sinais de Lealdades Invisíveis

- **Padrões Repetidos de Destino:** Se em sua vida você percebe repetição de padrões, como fracassos financeiros, dificuldades em manter relacionamentos ou problemas de saúde, é possível que esteja emaranhado em uma lealdade invisível com um antepassado. Por exemplo, se houve histórias de perdas financeiras significativas em gerações anteriores, você pode, inconscientemente, repetir esse padrão.

- **Dificuldade em Superar Certos Limites:** Algumas pessoas sentem que, por mais que tentem, há um limite invisível para seu sucesso, prosperidade ou felicidade. Isso pode ser sinal de uma lealdade invisível com membros da família que enfrentaram dificuldades semelhantes, como forma de permanecer conectado a eles.

- **Autossabotagem:** A autossabotagem pode ser uma forma de lealdade invisível. Quando um indivíduo começa a ter sucesso em determinada área, mas de repente perde tudo ou se vê voltando ao ponto inicial, isso pode ser uma forma inconsciente de se manter "fiel" ao destino de um antepassado que não conseguiu prosperar.

- **Resistência ao Sucesso ou à Alegria:** Sentir culpa por ser mais bem-sucedido do que os pais ou avós é uma forma de lealdade invisível. Muitas vezes, as pessoas sentem que não podem ser mais felizes ou prósperas do que seus antepassados, pois isso significaria "trair" o sofrimento deles.

Exemplos de Lealdades Invisíveis

- **Lealdade aos Pais:**
  - Uma das lealdades mais comuns é com os próprios pais. Se os pais passaram por dificuldades financeiras, de saúde ou emocionais, é possível que o filho, inconscientemente, sinta que não pode superá-los em termos de sucesso ou felicidade. Frases como "Não posso ser mais feliz que minha mãe" ou "Se meu pai teve uma vida difícil, quem sou eu para ter uma vida fácil?" são expressões de lealdade invisível.

- **Lealdade a Antepassados Excluídos:**
  - Quando um membro da família foi excluído ou desonrado no passado, outro membro pode, inconscientemente, repetir comportamentos ou destinos trágicos para "manter viva" essa pessoa no sistema familiar. Isso pode ocorrer com descendentes que se sentem compelidos a viver em sofrimento ou fracasso para compensar a exclusão de um antepassado.

- **Lealdade a Vítimas de Tragédias:**
  - Em famílias onde ocorreram grandes tragédias, como mortes prematuras, a vivência de guerras ou perdas significativas, os descendentes podem carregar uma lealdade invisível com essas vítimas. Isso pode manifestar-se como uma dificuldade em sentir alegria plena ou como um desejo inconsciente de sofrer também, para se conectar com a dor dos antepassados.

Identificando lealdades invisíveis através da constelação familiar

A Constelação Familiar é uma ferramenta poderosa para identificar e trazer à luz essas lealdades invisíveis. Através de representantes ou símbolos dispostos em um campo sistêmico, é possível ver as dinâmicas ocultas que estão influenciando a vida do constelado.

Passos para identificar uma lealdade invisível:

- **Observação dos Padrões Pessoais:** Primeiro, o constelado é incentivado a refletir sobre padrões repetitivos em sua vida. Se há dificuldades contínuas em áreas como prosperidade, relacionamentos ou saúde, pode ser um indicativo de lealdades invisíveis.

- **Reconhecimento de Histórias Familiares:** O constelado pode olhar para a história de sua família. Há membros que enfrentaram grandes perdas ou dificuldades? Houve exclusões ou injustiças que nunca foram reconhecidas? Esses eventos podem ser fontes de lealdades invisíveis.

- **Representação no Campo de Constelação:** No processo de Constelação, o constelado pode representar figuras da família, como pais, avós ou bisavós, além de símbolos de sucesso ou fracasso. Ao observar as interações no campo, as lealdades podem tornar-se visíveis, muitas vezes através de movimentos ou percepções intuitivas.

- **Uso de Frases de Cura:** Durante a constelação, frases de cura ajudam o constelado a liberar a lealdade invisível e a tomar de volta sua própria vida. Frases como "Eu vejo sua dor e seu sofrimento, e escolho honrá-lo(a) ao seguir o meu próprio caminho" ou "Eu libero você e me permito seguir em frente com alegria e sucesso" são usadas para restabelecer a ordem no sistema familiar.

Exercício 30 – Prática para Identificar Lealdades Invisíveis

Passo 1: Reflexão sobre Padrões - Anote em um papel quais são os principais desafios ou padrões repetitivos que você percebe em sua vida. Isso pode incluir questões financeiras, relacionamentos problemáticos, doenças recorrentes ou dificuldades em prosperar.

Passo 2: Investigue sua História Familiar - Reflita sobre as histórias de seus pais, avós e até bisavós. Alguma geração passou por grandes dificuldades ou traumas? Houve perdas, exclusões ou injustiças que nunca foram resolvidas? Liste esses eventos.

Passo 3: Faça Conexões - Tente perceber se há uma conexão entre os desafios que você enfrenta e as histórias de seus antepassados. Há alguma semelhança entre suas dificuldades e as deles?

Passo 4: Visualização - Feche os olhos e visualize seus antepassados que enfrentaram desafios semelhantes aos seus. Imagine-se dizendo a eles: "Eu vejo sua dor e sua luta, e honro sua vida. Mas eu escolho seguir o meu próprio caminho, sem carregar o peso que pertence a você".

Passo 5: Reflexão Final - Escreva sobre como você se sentiu ao realizar essa visualização. Percebeu alguma leveza ou mudança de perspectiva? Essa prática pode ajudá-lo a começar a liberar essas lealdades invisíveis.

Conclusão

Identificar lealdades invisíveis é um processo de profunda conscientização. Quando essas dinâmicas ocultas vêm à luz, é possível liberar o fardo de destinos e padrões que não nos pertencem. Através da Constelação Familiar, esses vínculos inconscientes podem ser desfeitos, permitindo que o indivíduo viva sua própria vida, com sucesso, alegria e liberdade. Ao honrar nossos antepassados sem a necessidade de repetir seus destinos, encontramos nosso próprio lugar no mundo, livres para prosperar e realizar nosso verdadeiro potencial.

Exercício 31 – Identificando Lealdades Invisíveis

Objetivo

Ajudar o constelado a identificar lealdades invisíveis no sistema familiar que estão impactando sua vida, seja em relação ao sucesso, relacionamentos, saúde ou outros aspectos. Este exercício visa trazer à luz essas dinâmicas ocultas e promover a liberação dessas lealdades para que o constelado possa viver sua própria vida de forma mais plena.

Passo a Passo

1. Escolha do Tema

O constelado deve escolher uma área da vida em que sente estar bloqueado, como saúde, finanças, relacionamentos ou outro aspecto relevante. O objetivo é que ele possa investigar se há lealdades invisíveis ligadas a esses desafios.

Pergunte ao constelado:

"Em qual área da sua vida você sente que algo está bloqueado ou repetido?"

"Você percebe padrões recorrentes que parecem não ter explicação?"

O constelado pode escolher, por exemplo, dificuldades financeiras, falta de sucesso nos relacionamentos ou problemas de saúde.

2. Escolha dos Representantes

Para identificar as lealdades invisíveis, escolha os seguintes representantes:

- O constelado (representando ele(a) mesmo(a));
- Um representante para o tema (por exemplo, o sucesso, o dinheiro, a saúde, ou outro);

- Um representante para o antepassado (conhecido ou não) relacionado ao tema;
- O sistema familiar (representado como um todo ou focado em figuras parentais como pai e mãe, avós, etc.).

Em caso de autoconstelação, o constelado pode usar bonecos, objetos ou figuras para representar esses elementos.

3. Posicionamento Inicial

Peça ao constelado para posicionar os representantes no campo de acordo com o que ele sente intuitivamente. Oriente-o a observar como ele se sente em relação ao tema e aos antepassados.

Diga ao constelado:

- "Coloque os representantes onde você sente que eles estão na sua vida agora."
- "Observe a distância ou proximidade entre você, o tema e os antepassados."

Este posicionamento inicial pode revelar imediatamente uma lealdade invisível se o constelado se colocar próximo a um antepassado que representa dor ou fracasso, ou longe do representante do sucesso, por exemplo.

4. Observação e Reflexão Inicial

Peça ao constelado para observar o campo e refletir sobre o que ele vê. Faça perguntas para ajudá-lo a reconhecer possíveis lealdades invisíveis:

- "Como você se sente em relação ao tema que está sendo constelado (sucesso, saúde, dinheiro, etc.)?"
- "Qual é a sua sensação ao olhar para os antepassados no campo?"
- "Você percebe algum padrão de repetição ou bloqueio entre você e esse antepassado?"

Nesse momento, o constelado pode começar a perceber se há uma lealdade invisível, especialmente se sentir que está "carregando" o destino de um antepassado ou se está mais conectado com o fracasso do que com o sucesso.

5. Movimentação e Intervenção

Convide o constelado a fazer ajustes no campo, baseando-se no que ele observou. Permita que ele mova os representantes para posições mais harmônicas. Pergunte:

- "Onde você gostaria de estar em relação ao sucesso (ou outro tema)?"
- "O que você sente que precisa mudar na relação com seus antepassados?"

À medida que o constelado faz essas mudanças, ele pode começar a perceber uma liberação ou mudança de perspectiva em relação ao tema. Pode ocorrer a necessidade de honrar o antepassado ou devolver algo que ele sente estar carregando.

6. Frases de Cura

Use frases de cura para ajudar o constelado a romper com lealdades invisíveis. Dependendo do que surgir no campo, as frases podem ser usadas para liberar o constelado do peso dos antepassados:

Para o antepassado excluído ou emaranhado:

"Eu vejo sua dor e o seu destino. Honro sua vida e sua história, mas escolho seguir o meu próprio caminho."

Para o sucesso ou outro tema que o constelado quer integrar:

"Eu aceito o sucesso/abundância/saúde em minha vida, sem trair a história de minha família. Eu posso ser próspero e ainda honrar meus antepassados."

Essas frases ajudam a liberar a lealdade invisível e permitem que o constelado siga seu próprio caminho, sem a necessidade de carregar o fardo dos antepassados.

7. Reintegração e Harmonia

Após usar as frases de cura, peça ao constelado para observar o campo novamente e perceber como ele se sente. Incentive-o a se mover em direção ao representante do tema que ele deseja integrar (sucesso, saúde, etc.). Pergunte:

- "Como você se sente agora em relação ao tema que constelamos?"
- "Você percebe alguma leveza ou mudança na relação com os antepassados?"

Se o constelado sentir que houve uma liberação, ele pode aproximar-se do sucesso ou do objetivo de forma mais natural e harmoniosa.

8. Encerramento

Para encerrar, agradeça aos representantes e ao sistema familiar. Peça ao constelado para visualizar o campo em harmonia e sinta a liberdade de seguir seu próprio caminho.

"Eu libero e agradeço a todos que vieram antes de mim. Eu escolho honrar suas vidas ao viver plenamente a minha."

9. Reflexão Final

Convide o constelado a refletir sobre o que descobriu durante a constelação:

- "Você identificou alguma lealdade invisível que estava impactando sua vida?"
- "Como isso muda a forma como você vê seus desafios?"

Essa reflexão ajuda o constelado a integrar as mudanças e a levar as percepções para a vida cotidiana, liberando os padrões de lealdade invisível que o estavam limitando.

Conclusão

Este exercício de constelação familiar permite que o constelado identifique lealdades invisíveis que estavam bloqueando sua vida, sejam relacionadas ao sucesso, saúde, dinheiro ou relacionamentos. Ao honrar os antepassados e liberar os padrões herdados, o constelado pode encontrar uma nova perspectiva de vida, livre para seguir seu próprio caminho sem o peso do passado.

O que é importante sobre este exercício?

_____
_____
_____
_____
_____
_____
_____
_____
_____
_____
_____
_____
_____
_____

4.2 Desfazendo Emaranhamentos

O Que São Emaranhamentos?

Emaranhamentos são dinâmicas ocultas e inconscientes que ocorrem no sistema familiar e que levam um membro da família a carregar, de forma involuntária, sentimentos, responsabilidades ou destinos que pertencem a outros membros do sistema. Essa transferência pode acontecer entre diferentes gerações, fazendo com que descendentes repitam comportamentos, sofrimentos ou fracassos que, originalmente, não pertenciam a eles.

Nas Constelações Familiares, emaranhamentos surgem quando o fluxo natural de amor e pertencimento no sistema familiar é interrompido por traumas, exclusões, injustiças ou desequilíbrios que nunca foram resolvidos. Como resultado, um descendente pode, inconscientemente, se "emaranhar" com o destino de um antepassado ou outro membro da família, assumindo para si um fardo que não é seu.

Como os Emaranhamentos Acontecem?

Os emaranhamentos podem ocorrer de diversas formas, sendo algumas delas:

- **Lealdade a Antepassados Sofredores:** Quando um antepassado sofreu uma grande injustiça, perda ou dor, um descendente pode inconscientemente repetir essa experiência como uma forma de "compensação" ou lealdade ao sofrimento daquele antepassado. Isso acontece especialmente quando o sofrimento não foi reconhecido ou honrado adequadamente no sistema familiar.
    - **Exemplo:** Uma pessoa pode enfrentar dificuldades financeiras recorrentes como forma de lealdade a um avô que perdeu tudo em uma crise econômica.
- **Carregar Destinos Alheios:** Em alguns casos, o emaranhamento faz com que um descendente carregue o destino de um

antepassado falecido, alguém que morreu prematuramente ou viveu de maneira trágica. O descendente pode, então, adotar o destino de morte precoce ou o mesmo sofrimento emocional.

- ○ **Exemplo:** Um neto que, sem saber, adoece e morre jovem, da mesma forma que seu avô morreu prematuramente em um acidente.

- **Repetir Padrões de Comportamento:** Um emaranhamento também pode manifestar-se quando um descendente repete comportamentos nocivos ou disfuncionais de um antepassado, como padrões de vícios, relacionamentos abusivos ou dificuldades emocionais.

- ○ **Exemplo:** Um descendente que se envolve em relacionamentos abusivos pode estar inconscientemente repetindo o destino de uma avó que também viveu em relacionamentos disfuncionais.

- **Tentativa de Salvar ou Proteger:** O emaranhamento pode acontecer quando um descendente, sem saber, tenta "salvar" ou "proteger" outro membro da família, como os pais ou avós, assumindo as dores e responsabilidades desses membros.

- ○ **Exemplo:** Um filho que, ao ver sua mãe emocionalmente frágil, se coloca como "salvador" e tenta cuidar dela, assumindo responsabilidades emocionais que não são suas.

Sinais de Emaranhamentos

Reconhecer que você está emaranhado com outro membro do sistema familiar nem sempre é fácil, mas alguns sinais podem indicar essa dinâmica:

- **Padrões Repetidos:**

- ○ A pessoa vive situações repetitivas de fracasso, dificuldades financeiras, relacionamentos problemáticos ou doenças que parecem "sem causa" ou não fazem sentido em sua própria história.

- **Sentir-se Preso ou Bloqueado:**
    - Há uma sensação de estar "preso" em uma situação ou de carregar um peso que não pertence a si mesmo. A pessoa pode sentir que, por mais que tente, não consegue avançar em determinada área da vida.
- **Conexão Forte com um Antepassado:**
    - A pessoa pode sentir-se excessivamente conectada ou identificada com um antepassado, às vezes sem nem conhecer muito da história dessa pessoa. Pode haver uma sensação de carregar a dor ou destino desse antepassado.
- **Culpa ou Responsabilidade Exagerada:**
    - A pessoa sente que precisa compensar algo ou carregar uma culpa que não é sua. Muitas vezes, isso se manifesta em uma necessidade inconsciente de "salvar" um membro da família ou assumir responsabilidades que não são dela.

Tipos Comuns de Emaranhamentos

- **Emaranhamento com o Pai ou a Mãe:**
    - Isso acontece quando um filho ou filha assume o papel de cuidador, emocionalmente ou fisicamente, para os pais. A criança, ou até o adulto, pode colocar-se na posição de "salvar" o pai ou a mãe, assumindo uma responsabilidade que não deveria ser sua. Isso pode resultar em dificuldade de construir sua própria vida, relacionamentos ou sucesso, pois a pessoa está presa ao destino dos pais.
- **Emaranhamento com Antepassados Excluídos:**
    - Quando um membro da família foi excluído ou desonrado, outro membro pode inconscientemente "carregar" esse destino. Isso pode manifestar-se como autossabotagem, fracasso repetido ou um sentimento de desajuste ou inadequação na vida.

- **Emaranhamento com Vítimas ou Perpetradores:**
  - Em casos de tragédias familiares, como mortes violentas, crimes ou abusos, um descendente pode se emaranhar com o destino da vítima ou, em alguns casos, com o do perpetrador. Isso pode gerar uma repetição de comportamentos destrutivos ou a incapacidade de sair de ciclos viciosos de dor e sofrimento.

Exemplo de Emaranhamento:

- Imagine que um bisavô foi desonrado e excluído da família por questões financeiras. Sua história foi mantida em segredo, e ele foi praticamente "apagado" da memória familiar. Gerações depois, um bisneto começa a experimentar fracassos financeiros inexplicáveis, apesar de seus esforços. Ele repete, inconscientemente, o destino do bisavô como uma forma de manter viva a memória e o lugar daquele antepassado no sistema familiar. O bisneto está emaranhado com o destino do bisavô excluído.

Como Romper com Emaranhamentos?

A Constelação Familiar é uma das formas mais eficazes de identificar e romper emaranhamentos. Ao trazer à luz essas dinâmicas invisíveis, é possível liberar o descendente do fardo de carregar o destino ou a dor de outro membro da família.

Passos para romper com emaranhamentos

Reconhecimento:

O primeiro passo é reconhecer o emaranhamento, entendendo que você está carregando algo que não lhe pertence. Isso pode ser feito através da observação dos padrões repetidos ou do sentimento de "peso" que você carrega.

Posicionar-se no Seu Próprio Lugar:

Na constelação, é essencial restabelecer a ordem no sistema

familiar, permitindo que cada pessoa assuma seu próprio lugar e destino. O descendente pode devolver o que não pertence a ele, permitindo que o antepassado carregue o seu próprio destino.

Frases de Cura

Durante a constelação, frases de cura ajudam a liberar o emaranhamento. Algumas frases comuns incluem:

"Eu vejo sua dor, mas escolho seguir meu próprio caminho."

"Honro seu destino, mas deixo que você o carregue. Eu sigo a minha vida."

Integração:

Após romper o emaranhamento, o descendente pode integrar essa nova liberdade em sua vida, permitindo-se viver sem o peso do destino do outro.

Conclusão

Os emaranhamentos são dinâmicas poderosas que podem limitar a vida de uma pessoa, criando padrões repetitivos de fracasso, dor ou sofrimento. Ao identificar e liberar esses emaranhamentos, a pessoa é capaz de restabelecer o fluxo natural de amor e pertencimento no sistema familiar, encontrando seu próprio caminho de sucesso e realização. A Constelação Familiar é uma ferramenta valiosa nesse processo, permitindo a cura e a libertação dos destinos que não pertencem a nós.

Exercício 32 – Descobrindo Emaranhamentos no Sistema Familiar

Objetivo

Ajudar o constelado a identificar e trazer à consciência emaranhamentos no sistema familiar. Este exercício permitirá que o constelado perceba se está carregando o destino de outro membro da família ou se está repetindo padrões familiares inconscientes. Através da constelação, será possível liberar essas dinâmicas e restaurar o equilíbrio no sistema.

Passo a Passo

1. Definindo o Tema ou Padrão a Ser Explorado

O primeiro passo é o constelado identificar uma área da vida em que sente bloqueios, repetição de padrões, dificuldades inexplicáveis ou peso emocional. Isso pode envolver questões financeiras, saúde, relacionamentos ou qualquer outro aspecto no qual haja dificuldades persistentes.

Perguntas que podem ajudar a identificar o tema:

"Em qual área da sua vida você se sente preso ou sem progresso?"

"Você percebe padrões que se repetem ao longo do tempo?"

"Há algo que, por mais que tente, não consegue resolver?"

O constelado pode, por exemplo, identificar um padrão de relacionamentos fracassados, dificuldades financeiras recorrentes ou problemas de saúde crônicos.

2. Escolha de Representantes

O constelado, ou facilitador, escolhe representantes para os seguintes elementos:

- O próprio constelado.
- O tema (por exemplo, o dinheiro, o sucesso, a saúde, os relacionamentos, etc.).
- Antepassados relacionados a esse tema (pais, avós ou outros membros da família que possam estar envolvidos no emaranhamento).
- Um representante para "emaranhamentos ocultos" no sistema familiar.

No caso de uma autoconstelação, podem ser usados bonecos, objetos ou figuras para representar os diferentes elementos.

3. Posicionamento no Campo

Peça ao constelado para posicionar os representantes no espaço, de acordo com o que ele sente intuitivamente em relação ao tema. Oriente-o a colocar o representante dele mesmo em relação aos antepassados e ao tema.

Diga ao constelado:

"Coloque os representantes no campo conforme o que você sente. Aonde você se colocaria em relação ao tema e aos antepassados?"

"Observe a proximidade ou distância entre você, o tema e os antepassados."

Este primeiro posicionamento muitas vezes revela se o constelado está "carregando" o destino de alguém ou se está emaranhado com uma situação familiar.

4. Observação e Reflexão

Peça ao constelado que observe o campo e pergunte como ele se sente em relação aos representantes. Algumas perguntas que podem ajudar a identificar emaranhamentos:

"Como você se sente ao olhar para o tema e para seus antepassados?"

"Há algum sentimento de peso ou responsabilidade que não parece seu?"

"Você sente que está carregando algo que não lhe pertence?"

"Como é sua relação com os antepassados no campo?"

O constelado pode perceber que está mais próximo de um antepassado que enfrentou grandes dificuldades ou que se sente desconectado do tema (como o sucesso ou a saúde). Isso pode ser um indicativo de emaranhamento.

5. Movimentos e Ajustes no Campo

Incentive o constelado a fazer ajustes no campo, baseando-se no que ele sente. Se ele perceber que está carregando algo de um antepassado ou que está emaranhado com uma história familiar, peça para ele mover-se no campo, mudando sua posição.

Diga ao constelado:

"Você sente que precisa mudar algo no campo?"

"Onde você gostaria de estar em relação aos antepassados e ao tema?"

Esses movimentos podem ser liberadores, permitindo que o constelado se afaste de emaranhamentos e se aproxime do seu próprio caminho.

6. Frases de Cura para Romper Emaranhamentos

Durante o exercício, utilize frases de cura para ajudar o constelado a romper com emaranhamentos. Dependendo do que for observado no campo, as seguintes frases podem ser usadas:

• **Para liberar o emaranhamento com um antepassado:**

"Querido(a) antepassado(a), eu vejo sua dor e seu destino, mas deixo que você o carregue. Eu sigo o meu próprio caminho."

• **Para devolver um fardo ou responsabilidade que não é sua:**

"Eu devolvo a você o que é seu. Carrego apenas o que me pertence."

• **Para aceitar seu lugar no sistema sem carregar os destinos alheios:**

"Eu honro seu destino, mas escolho viver o meu. Cada um carrega seu próprio destino."

Essas frases ajudam a liberar o constelado de emaranhamentos e restauram a ordem no sistema familiar.

7. Integração e Harmonização

Após usar as frases de cura e fazer os movimentos necessários no campo, peça ao constelado para observar como se sente. Ele deve perceber uma sensação de leveza, de se aproximar do tema que estava bloqueado, ou de harmonia em relação ao sistema familiar.

Pergunte ao constelado:

"Como você se sente agora em relação ao tema?"

"Você percebe alguma mudança na sua relação com os antepassados e com o tema?"

Se o constelado se sentir mais conectado com o tema (como sucesso, saúde ou abundância), isso indica que o emaranhamento foi liberado e que ele está mais próximo de seu próprio caminho.

8. Encerramento

Para encerrar, peça ao constelado para agradecer aos representantes e ao sistema familiar. Diga a ele para visualizar o campo em harmonia e sentir a liberdade de seguir o seu próprio caminho.

Frase de encerramento:

"Eu honro todos vocês e deixo cada um no seu lugar. Eu sigo o meu próprio caminho com amor e liberdade."

9. Reflexão Final

Convide o constelado a refletir sobre o que aprendeu durante o exercício. Algumas perguntas podem ajudar a consolidar a experiência:

"Você conseguiu identificar algum emaranhamento no seu sistema familiar?"

"O que mudou em sua percepção sobre o tema?"

"Como você pode aplicar essa nova percepção em sua vida?"

Conclusão

Este exercício de constelação familiar permite que o constelado identifique emaranhamentos no sistema familiar e traga à consciência os padrões inconscientes que o estão limitando. Ao romper esses emaranhamentos e restabelecer a ordem no sistema, o constelado pode seguir seu próprio caminho, livre do peso de carregar destinos e dores que não pertencem a ele. Isso cria mais espaço para o sucesso, a prosperidade e o bem-estar em sua vida.

4.3 Curando Padrões de Repetição

Os padrões de repetição são ciclos repetitivos que ocorrem dentro de um sistema familiar e que se manifestam em gerações sucessivas. Esses padrões podem estar relacionados a áreas da vida como relacionamentos, finanças, saúde, ou até mesmo comportamentos destrutivos, como vícios ou conflitos recorrentes. Muitas vezes, esses padrões estão profundamente enraizados nas dinâmicas sistêmicas e familiares, e podem ser inconscientes até serem trazidos à luz através de práticas como a Constelação Familiar.

Padrões de repetição acontecem quando membros da família, por lealdade invisível ou emaranhamentos, repetem os destinos ou sofrimentos de outros membros anteriores. Esses padrões podem ser manifestações de situações não resolvidas, exclusões ou traumas no sistema familiar. A cura desses padrões é essencial para liberar o fluxo da vida e permitir que os descendentes sigam seus próprios caminhos de sucesso e realização.

Como os Padrões de Repetição se Formam?

A. Traumas Não Resolvidos:

Quando um trauma significativo ocorre em uma geração, como morte precoce, guerra, perdas financeiras ou doenças, e esse trauma não é resolvido emocionalmente ou reconhecido no sistema familiar, os descendentes podem acabar repetindo esses eventos em suas próprias vidas.

B. Exclusões Familiares:

Membros da família que foram excluídos ou desonrados (por exemplo, devido a comportamentos que a família considerava inaceitáveis) podem gerar padrões de repetição. Os descendentes, mesmo sem saber, podem manifestar comportamentos semelhantes como uma forma inconsciente de incluir aquele membro na memória familiar.

C. Lealdade Invisível:

A lealdade invisível aos pais, avós ou outros antepassados pode levar os descendentes a repetir o destino deles, mesmo que não haja uma explicação lógica ou consciente para isso. Isso ocorre porque, no nível profundo, a pessoa deseja pertencer ao sistema familiar, e repetir o destino de um antepassado é uma maneira de manter essa conexão.

D. Equilíbrio Perturbado no Dar e Receber:

Quando há desequilíbrio no dar e tomar no sistema familiar, como quando um membro sacrifica demais sem receber em troca, os descendentes podem sentir a necessidade de compensar esse desequilíbrio, repetindo sacrifícios ou sofrimentos.

Exemplos de Padrões de Repetição

A. Padrões Financeiros:

Um padrão de falência ou fracasso financeiro pode se repetir ao longo das gerações quando há uma história de perdas financeiras não resolvidas. Os descendentes podem, inconscientemente, repetir esse destino como uma forma de honrar antepassados que passaram por crises financeiras.

B. Padrões de Relacionamentos:

Padrões de relacionamentos abusivos ou fracassados podem ser repetidos quando há histórias de relacionamentos difíceis ou desfeitos em gerações anteriores. A pessoa pode, sem perceber, atrair parceiros ou viver experiências semelhantes como uma forma de se manter conectada ao destino familiar.

C. Doenças:

Doenças recorrentes em diferentes gerações podem ser um sinal de repetição de padrões de sofrimento. Se um membro da família morreu jovem de uma doença, outros membros podem, inconscientemente, repetir esse destino, como uma forma de lealdade invisível.

Como Curar Padrões de Repetição?

A cura dos padrões de repetição envolve trazer essas dinâmicas à consciência e restabelecer a ordem no sistema familiar. A Constelação Familiar é uma das ferramentas mais eficazes para identificar e curar esses padrões. Ao visualizar o sistema familiar e os membros envolvidos, o constelado pode perceber as conexões ocultas que estão criando a repetição e, assim, libertar-se dessas dinâmicas.

Passos para Curar Padrões de Repetição

A. Identificar o Padrão:

O primeiro passo é o constelado perceber o padrão repetitivo em sua própria vida. Perguntas como "O que sempre se repete na sua vida?" ou "Há algo que parece nunca se resolver?" podem ajudar a identificar esse padrão.

B. Reconhecer a Origem do Padrão:

Após identificar o padrão, o próximo passo é reconhecer sua origem no sistema familiar. Isso pode ser feito através da história familiar. Houve alguém na sua família que passou por situações semelhantes? Esse padrão é algo que você vê em outras gerações?

C. Realizar a Constelação:

No processo de constelação, representantes podem ser colocados para o constelado, o padrão de repetição e os membros da família relacionados ao padrão. Isso permite que as dinâmicas ocultas sejam trazidas à luz, revelando onde está o bloqueio e o que está sendo repetido.

D. Uso de Frases de Cura:

Frases de cura são essenciais para romper com o padrão de repetição e liberar o constelado do ciclo. Algumas frases de cura podem incluir:

- "Eu honro sua história, mas escolho seguir meu próprio caminho."
- "Eu vejo a sua dor e a sua luta, mas deixo que você carregue o seu destino. Eu sigo o meu caminho livre."
- "Eu devolvo a você o que é seu e tomo de volta o que é meu."

E. Restabelecer a Ordem e o Fluxo:

Após a liberação, é importante restabelecer o equilíbrio no sistema familiar, para que o constelado possa seguir seu caminho sem a necessidade de repetir o destino dos antepassados.

Frases de Cura para Padrões de Repetição:

A. Para Padrões Financeiros:

"Querido antepassado, eu vejo suas dificuldades e suas lutas. Eu honro sua história, mas escolho criar minha própria prosperidade."

B. Para Padrões de Relacionamentos:

"Eu vejo o que você passou em seus relacionamentos. Eu honro sua dor e escolho construir relações saudáveis e felizes."

C. Para Doenças:

"Eu vejo a sua doença e seu sofrimento. Eu honro a sua vida, mas escolho a saúde e a vitalidade para mim e para as futuras gerações."

Exercício 33 – Para Encontrar Padrões de Repetição

Tema:

O constelado percebe que, em sua vida, há uma repetição de fracassos financeiros. Apesar de trabalhar arduamente, ele sempre se vê em situações de perda.

Passo 1:

Identifique o padrão repetitivo – dificuldades financeiras recorrentes.

Passo 2:

Escolha representantes para o constelado, o sucesso financeiro e um antepassado que também enfrentou dificuldades financeiras.

Passo 3:

No campo de constelação, pode-se observar que o constelado está mais próximo do representante da perda financeira e distante do sucesso. Isso pode indicar uma lealdade invisível ao antepassado.

Passo 4:

Use a frase de cura: "Querido antepassado, eu vejo sua luta e sua perda. Eu honro sua vida, mas escolho criar a minha própria prosperidade."

Passo 5:

Após os movimentos e a liberação, o constelado pode se aproximar do sucesso financeiro e se afastar do padrão de perda.

Conclusão

Curar padrões de repetição é essencial para liberar o constelado das dinâmicas sistêmicas que o prendem em ciclos de sofrimento ou fracasso. Ao identificar o padrão, reconhecer sua origem e utilizar a constelação familiar para trazer à luz essas dinâmicas, é possível romper com os ciclos repetitivos e criar um novo caminho de liberdade, prosperidade e realização.

Exercício 34 – Para Curar Padrões de Repetição

Objetivo

Este exercício visa identificar e curar padrões de repetição que estão presentes no sistema familiar, permitindo ao constelado trazer à consciência as dinâmicas repetitivas e interromper ciclos que limitam seu bem-estar. O exercício ajuda a revelar as conexões inconscientes que prendem o constelado em padrões negativos e a restabelecer a harmonia no sistema.

Passo a Passo do Exercício

1. Identificação do Padrão de Repetição

Comece o exercício refletindo sobre padrões repetitivos em sua vida que parecem retornar, independentemente de seus esforços para superá-los. Esses padrões podem se manifestar em várias áreas, como relacionamentos, finanças, saúde, comportamentos destrutivos, ou em situações recorrentes que causam estagnação ou sofrimento.

Perguntas para reflexão:

- "Qual situação ou comportamento você percebe que se repete em sua vida?"
- "Esse padrão já apareceu em gerações anteriores da sua família?"
- "Qual área da sua vida parece sempre ser afetada por esses ciclos repetitivos?"

Exemplo de Padrão:

O constelado pode identificar um padrão de relacionamentos

fracassados, onde há sempre um afastamento emocional ou uma quebra de confiança.

2. Escolha dos Representantes

Escolha representantes para os seguintes elementos no campo da constelação:

Você (constelado)

- O padrão de repetição (por exemplo, dificuldade financeira, fracasso em relacionamentos, problemas de saúde);

- O(s) antepassado(s) relacionado(s) ao padrão (como um avô que passou por uma grande perda, um pai que teve relacionamentos difíceis, etc.);

- O novo caminho desejado (por exemplo, sucesso, relacionamento estável, saúde plena);

- Se for uma autoconstelação, use objetos, bonecos ou figuras para representar esses elementos.

3. Posicionamento no Campo

Posicione os representantes no campo, de acordo com o que você sente em relação ao padrão repetitivo e aos membros da família que possam estar ligados a ele. Deixe que o campo mostre a dinâmica oculta entre você, o padrão e o antepassado relacionado.

Diga ao constelado:

"Posicione os representantes de acordo com o que você sente em relação ao padrão e ao antepassado. Observe onde você está em relação ao novo caminho que deseja seguir."

A disposição dos representantes no campo pode revelar onde você está "preso" ao padrão de repetição e se há emaranhamentos com o antepassado.

4. Observação e Reflexão

Observe o campo e reflita sobre a disposição dos representantes. A proximidade ou distância entre você, o padrão e os antepassados pode indicar como o padrão de repetição está operando em sua vida.

Perguntas para reflexão:

- "Como você se sente em relação ao padrão?"
- "Você está mais próximo do padrão de repetição ou do novo caminho que deseja seguir?"
- "Há algum sentimento de responsabilidade ou carga que você sente que pertence a outra pessoa (um antepassado)?"

Essas observações podem revelar que você está carregando o destino de um antepassado ou que está preso a um ciclo repetitivo por lealdade invisível.

5. Movimentos de Cura

Com base no que foi observado no campo, comece a mover os representantes para restabelecer a ordem. Se você perceber que está preso a um padrão que não lhe pertence, mova-se no campo de maneira a se aproximar do novo caminho que deseja trilhar e distanciar-se do padrão repetitivo.

Movimentos sugeridos:

- Aproxime-se do representante que simboliza o novo caminho (por exemplo, sucesso ou saúde plena).
- Honre o antepassado relacionado ao padrão com uma frase de cura, permitindo que ele carregue o próprio destino sem que você precise repetir sua história.

6. Frases de Cura

Use frases de cura para liberar o emaranhamento e romper o ciclo de repetição. Abaixo estão algumas sugestões de frases de cura para diferentes situações:

Para padrões financeiros repetitivos:

"Querido antepassado, eu vejo a sua dor e a sua perda. Eu honro sua história, mas escolho trilhar meu próprio caminho de prosperidade e abundância."

Para padrões de relacionamentos difíceis:

"Eu vejo o que você enfrentou em seus relacionamentos. Eu honro sua dor, mas escolho viver relacionamentos saudáveis e cheios de amor."

Para padrões de doenças:

"Eu vejo o sofrimento que você viveu com sua doença. Eu honro sua vida, mas escolho viver com saúde e vitalidade."

Essas frases ajudam a reconhecer o destino dos antepassados, mas libertam o constelado da necessidade de repetir o padrão.

7. Integração e Harmonização

Após os movimentos de cura e o uso das frases, observe o campo novamente. Verifique como você se sente agora em relação ao padrão repetitivo e ao novo caminho. O constelado deve sentir-se mais livre e próximo da solução desejada.

Perguntas para reflexão final:

- "Como você se sente agora em relação ao padrão de repetição?"
- "Você sente mais leveza em sua relação com o novo caminho?"
- "Como está sua conexão com seus antepassados após honrá-los?"

8. Encerramento

Para encerrar o exercício, agradeça aos representantes e ao sistema familiar por permitir que você trouxesse à consciência essas dinâmicas. Feche o campo com uma sensação de harmonia e reconexão com seu próprio caminho.

Frase de encerramento:

"Eu honro meu sistema familiar e deixo que cada um carregue seu próprio destino. Eu sigo meu próprio caminho com liberdade e amor."

9. Reflexão Pessoal

Após o encerramento do exercício, reserve alguns minutos para refletir sobre o que foi vivenciado. Escreva em um diário sobre as percepções, mudanças de perspectiva e as sensações que surgiram durante o processo.

Conclusão

Este exercício sistêmico ajuda a identificar e curar padrões de repetição que podem estar profundamente enraizados no sistema familiar. Ao reconhecer e honrar as histórias e destinos dos antepassados, o constelado pode romper com ciclos negativos e seguir seu próprio caminho com mais liberdade, amor e prosperidade.

O que é importante sobre este exercício?

_____
_____
_____
_____
_____
_____
_____
_____

CAPÍTULO 5:

CONDUÇÕES PRÁTICAS DE CONSTELAÇÕES

5.1 Constelação na Água

Aqui está representada a técnica de constelação na água com bonecos de EVA.

Apresentação da técnica de constelação na água

Vamos agora mergulhar nas profundezas da técnica da constelação na água, uma abordagem única e poderosa para explorar e resolver questões familiares e sistêmicas. A constelação na água é uma prática que combina a sabedoria ancestral com a ciência moderna, utilizando a água como um meio de conexão e reflexão para revelar padrões e dinâmicas ocultas que influenciam nossas vidas e relacionamentos.

A origem dessa técnica remonta a tempos antigos, quando a água era vista como um símbolo de purificação e renovação em muitas culturas ao redor do mundo. Desde os rituais de batismo cristão até as práticas de adivinhação em festivais como São João e Santo Antônio, a água sempre teve um papel fundamental na busca pela compreensão dos mistérios da vida e do destino.

Na constelação na água, esse poder da água é amplificado, tornando-se um espelho para a alma e uma porta de entrada para o inconsciente coletivo. Ao criar um campo energético na água e colocar âncoras leves que representam os elementos e pessoas envolvidas em uma questão familiar, os praticantes da constelação na água podem observar movimentos e padrões que revelam informações importantes sobre o sistema familiar em questão.

Ao contrário das constelações tradicionais, onde os representantes humanos são utilizados para representar membros da família, na constelação na água são utilizados bonecos ou âncoras que flutuam. Esses bonecos agem como condutores de energia, permitindo que os facilitadores e os constelados observem e interpretem os movimentos e interações que surgem no campo.

Ao longo deste livro, vamos explorar em detalhes os princípios, técnicas e aplicações da constelação na água, oferecendo *insights* valiosos e exemplos práticos para ajudá-lo a compreender e dominar essa poderosa ferramenta de cura e transformação.

Prepare-se para mergulhar nas profundezas da água e da alma, onde cada movimento e reflexo revela uma nova perspectiva sobre a complexidade e beleza dos sistemas familiares. Que esta jornada seja uma fonte de inspiração e descoberta em sua busca pelo autoconhecimento e crescimento pessoal.

Breve histórico e contexto cultural da prática

Antes de mergulharmos nas nuances da constelação na água, é fundamental compreender o contexto cultural e histórico que moldou essa prática singular. A constelação na água não é apenas uma técnica terapêutica; é uma fusão de saberes ancestrais e conceitos contemporâneos, enraizados na compreensão holística da vida e das relações familiares.

Origens Ancestrais:

A utilização da água como um meio de conexão espiritual e revelação remonta aos tempos mais antigos da humanidade. Em várias culturas ao redor do mundo, a água foi reverenciada como um símbolo de purificação, renovação e transformação. Desde os rituais de batismo cristão até as práticas de adivinhação em festivais populares, como São João e Santo Antônio, a água desempenhou um papel central na busca pela compreensão dos mistérios da vida e do destino.

Tradições Culturais:

Ao longo da história, diversas tradições culturais incorporaram o uso da água em práticas espirituais e rituais de cura. Por exemplo, na cultura indígena americana, as cerimônias de purificação em riachos e lagos eram realizadas para limpar o corpo, a mente e o espírito. Na Índia, o rio Ganges é considerado sagrado e frequentemente visitado por peregrinos em busca de purificação espiritual.

Evolução Contemporânea:

A constelação na água é uma evolução moderna dessas tradições antigas, adaptada ao contexto terapêutico e sistêmico. Desenvolvida por terapeutas e facilitadores que combinaram conceitos da constelação familiar com a energia fluida e simbólica da água, essa prática oferece uma abordagem única para explorar e resolver questões familiares e sistêmicas.

Integração com a Constelação Familiar:

A constelação na água integra-se harmoniosamente com os

princípios e técnicas da constelação familiar, oferecendo uma nova perspectiva e uma ferramenta adicional para os terapeutas e facilitadores. Ao criar um campo energético na água e observar os movimentos e padrões que surgem, os praticantes podem acessar informações profundas sobre os sistemas familiares e revelar dinâmicas ocultas que influenciam as relações interpessoais.

Conclusão

Neste breve histórico e contexto cultural, podemos perceber como a constelação na água é uma prática enraizada na sabedoria ancestral e adaptada ao mundo contemporâneo. Ao honrar as tradições do passado e integrá-las com os avanços da psicologia sistêmica, essa técnica oferece uma jornada profunda de autoconhecimento, cura e transformação.

Que possamos continuar explorando as profundezas da água e da alma, encontrando inspiração e *insights* ao longo do caminho.

Preparação e Materiais

Vamos mergulhar na essência da preparação e dos materiais necessários para realizar uma constelação na água de forma eficaz e significativa. Antes de iniciar qualquer constelação, é fundamental garantir que você esteja adequadamente preparado e tenha os materiais certos à disposição. Vamos explorar passo a passo o que é necessário para criar um ambiente propício e conduzir uma constelação na água com sucesso.

1. Preparação

Antes de tudo, reserve um tempo para preparar-se mental e emocionalmente para a constelação. Certifique-se de estar em um estado de espírito receptivo, aberto e centrado. Você pode realizar algumas técnicas de respiração, meditação ou simplesmente se conectar com sua intuição para se preparar para o trabalho que está por vir.

Além disso, é importante preparar o ambiente físico em que a constelação ocorrerá. Escolha um espaço tranquilo e livre de distrações, onde você e os participantes possam se sentir confortáveis e seguros para explorar questões profundas e emocionais.

2. Materiais

- **Bacia de Vidro ou Plástico:** Você precisará de uma bacia de vidro ou plástico com aproximadamente 30 cm de diâmetro para realizar a constelação na água. Certifique-se de que a bacia seja transparente o suficiente para permitir uma boa visibilidade da água e dos elementos flutuantes.

- **Elementos Flutuantes:** Escolha objetos leves que possam flutuar na água e servir como representantes durante a constelação. Alguns exemplos incluem bonecos de EVA, isopor, papéis, pregadores, entre outros. Estes objetos serão utilizados para representar os diferentes membros e elementos do sistema familiar ou questões a serem exploradas.

- **Outros Elementos:** Durante a constelação, esteja aberto a outros elementos que possam surgir e contribuir para o campo mórfico, como o vento, animais que se aproximam da bacia, ou mesmo crianças que possam interagir com a água. Esses elementos podem oferecer *insights* adicionais e enriquecer a experiência da constelação.

Conclusão

Ao se preparar adequadamente e reunir os materiais certos, você estará criando as condições ideais para uma constelação na água poderosa e transformadora. Esteja presente, aberto e receptivo ao que surgir durante o processo, e confie na sabedoria do campo para guiar o trabalho. Com os materiais certos e uma atitude de respeito e humildade, você estará pronto para iniciar sua jornada de constelação na água.

Elementos e Fenômenos na Água

Mergulharemos nos elementos e fenômenos que ocorrem durante as constelações na água. Compreender como esses elementos se manifestam e como interpretá-los é essencial para facilitar uma experiência terapêutica significativa. Vamos explorar os diversos aspectos dos elementos e fenômenos na água e sua relevância no contexto das constelações familiares.

Movimento dos Elementos:

Durante uma constelação na água, os elementos podem mover-se de maneira aparentemente espontânea, refletindo as dinâmicas sistêmicas em jogo. Esteja atento aos movimentos dos elementos flutuantes, pois eles podem indicar onde estão os emaranhamentos e as questões a serem exploradas no campo.

Fenômeno PK (Psicocinesia):

O fenômeno PK, também conhecido como psicocinesia, é a capacidade da mente de influenciar diretamente a matéria, neste caso, a água e os elementos flutuantes. Os movimentos dos elementos podem ser conduzidos pela mente do constelador ou dos participantes, refletindo as energias e intenções presentes no campo.

Mãos Catalépticas:

As mãos catalépticas são um fenômeno observado durante as constelações na água, em que as mãos do constelador ou dos participantes podem mover-se de forma involuntária, trazendo informações e energias para o campo. Esteja aberto para permitir que as mãos se movam livremente, pois elas podem revelar *insights* importantes durante a constelação.

Interpretação dos Movimentos:

É fundamental interpretar os movimentos dos elementos e fenômenos na água com sensibilidade e discernimento. Cada movimento pode carregar significados profundos, indicando questões emocionais, traumas passados ou padrões familiares a serem explorados. Esteja aberto para ouvir o que o campo está comunicando e guiar o processo de constelação de acordo.

Considerações Adicionais:

- Mantenha-se presente e receptivo aos fenômenos que ocorrem durante a constelação, confiando na sabedoria do campo para guiar o trabalho.

- Esteja aberto para adaptar-se e responder conforme necessário às manifestações que surgem, permitindo que o processo de constelação se desenrole de maneira orgânica e autêntica.

- Lembre-se de que os fenômenos na água são uma expressão do campo sistêmico e podem oferecer *insights* valiosos para a resolução de questões familiares e emocionais.

Conclusão

Ao compreender os elementos e fenômenos que ocorrem durante as constelações na água, você estará melhor preparado para facilitar uma experiência terapêutica eficaz e significativa. Esteja aberto para explorar e interpretar os movimentos dos elementos com sensibilidade e discernimento, confiando na sabedoria do campo para guiar o processo.

Exploração dos fenômenos naturais na água e sua influência nas constelações

Adentraremos no fascinante mundo dos fenômenos naturais presentes na água e sua profunda influência nas constelações familiares. Compreender como esses fenômenos se manifestam e como interpretá-los é essencial para facilitar uma jornada terapêutica eficaz e transformadora. Vamos explorar os diversos aspectos dos fenômenos naturais na água e como eles impactam o processo de constelação.

Movimento das Ondas:

As ondas na água são um fenômeno natural poderoso que pode influenciar diretamente o campo sistêmico durante uma constelação. Observe atentamente o movimento das ondas, pois elas podem refletir os padrões de energia presentes no sistema familiar e revelar questões subjacentes a serem exploradas.

Reflexos da Luz:

Os reflexos da luz na superfície da água podem criar padrões hipnotizantes que refletem a complexidade das relações familiares. Preste atenção aos padrões de luz e sombra, pois podem oferecer *insights* simbólicos sobre os desafios e dinâmicas presentes no sistema familiar do constelado.

Fluxo e Movimento da Água:

O fluxo e movimento da água são uma metáfora poderosa para as dinâmicas emocionais e relacionais dentro da família. Observe como a água flui e se move na bacia, pois isso pode representar os padrões de interação entre os membros da família e as emoções subjacentes que influenciam seus relacionamentos.

Interpretação dos Fenômenos Naturais:

É fundamental interpretar os fenômenos naturais na água com sensibilidade e intuição, reconhecendo sua importância simbólica no contexto das constelações familiares. Cada padrão, movimento e reflexo pode conter mensagens significativas sobre as questões familiares e emocionais que estão sendo exploradas durante a constelação.

Considerações Adicionais:

- Esteja aberto para permitir que os fenômenos naturais na água guiem o processo de constelação, confiando na sabedoria do campo para revelar *insights* importantes.

- Use sua intuição e sensibilidade para interpretar os padrões e movimentos na água, permitindo que eles sirvam como um guia para explorar as dinâmicas familiares mais profundas.

- Lembre-se de que os fenômenos naturais na água são uma expressão do campo sistêmico e podem oferecer pistas valiosas para a resolução de questões familiares e emocionais.

Conclusão

Ao explorar os fenômenos naturais na água durante as constelações familiares, você estará mergulhando em um reino de significado simbólico e *insight* terapêutico. Esteja aberto para permitir que esses fenômenos guiem o processo de constelação, confiando na sabedoria do campo para revelar as profundezas do sistema familiar.

Significado simbólico da água em diferentes tradições culturais e espirituais

Exploraremos o profundo significado simbólico da água em diversas tradições culturais e espirituais ao redor do mundo. A água, como elemento primordial da vida, desempenha um papel central em muitas culturas, sendo reverenciada por suas qualidades purificadoras, curativas e transformadoras. Vamos mergulhar nas ricas tradições e mitologias que cercam a água e compreender como esses significados podem informar e enriquecer nosso entendimento das constelações familiares na água.

A Água como Símbolo de Purificação:

Em muitas tradições espirituais, a água é vista como um símbolo de purificação e renovação. Rituais de purificação com água são comuns em diversas culturas, como o batismo cristão, os rituais de ablução no Islã e as cerimônias de limpeza espiritual em tradições indígenas. A água é considerada capaz de limpar não apenas o corpo físico, mas também a alma, purificando-a de impurezas e preparando-a para novos começos.

A Água como Fonte de Vida:

A água é essencial para a vida em todas as suas formas, sendo vista como uma fonte de nutrição, regeneração e renovação. Em muitas tradições mitológicas, a água é associada à criação e ao nascimento, representando o útero primordial de onde toda a vida emerge. Em culturas antigas, rios, lagos e nascentes eram frequentemente reverenciados como deidades ou espíritos guardiães, simbolizando a generosidade e a fertilidade da Mãe Terra.

A Água como Símbolo de Emoções e Subconsciente:

Na Psicologia e na espiritualidade, a água é frequentemente associada ao mundo das emoções e do subconsciente. Assim como as águas profundas do oceano escondem mistérios e segredos, nosso subconsciente é muitas vezes representado como um oceano de emoções profundas e experiências não resolvidas. Ao trabalhar com constelações familiares na água, podemos acessar essas profundezas emocionais e trazer à tona questões ocultas que precisam ser exploradas e resolvidas.

A Água como Símbolo de Conexão e Fluxo:

A água também é vista como um símbolo de conexão e fluxo, representando a interconexão de toda a vida e a constante mudança e evolução do universo. Assim como os rios fluem de montanhas para o mar, nossas vidas estão em constante movimento e transformação, conectadas por laços invisíveis de amor e pertencimento. Ao realizar constelações familiares na água, podemos honrar essa interconexão e fluidez, reconhecendo nossa parte no grande rio da vida.

Conclusão

Ao explorar o significado simbólico da água em diferentes tradições culturais e espirituais, somos convidados a mergulhar nas profundezas do inconsciente coletivo e a reconhecer a água como um espelho da alma humana. Que possamos honrar a água como uma fonte de vida, purificação e conexão, e permitir que seu poder transformador nos guie em nossa jornada de cura e autodescoberta.

Importância dos elementos como o vento e os animais na dinâmica das constelações na água

Exploraremos a importância dos elementos naturais, como o vento e os animais, na dinâmica das constelações familiares na água. Esses elementos desempenham papéis significativos ao ampliar e enriquecer a experiência das constelações, proporcionando *insights* mais profundos e facilitando o fluxo das energias sistêmicas. Vamos examinar como o vento e os animais podem ser aliados valiosos no processo de revelar e transformar dinâmicas familiares e emocionais.

O Vento como Mensageiro do Campo Mórfico:

O vento, com sua natureza imprevisível e fluida, é frequentemente visto como um mensageiro do campo mórfico, o campo energético que envolve e conecta todos os seres vivos. Durante as constelações na água, o vento pode ser percebido como um sinal de movimento e mudança no campo, trazendo à tona questões ocultas e facilitando a liberação de padrões disfuncionais. Seja através de uma brisa suave ou de rajadas mais intensas, o vento pode nos guiar na direção das soluções e revelar *insights* valiosos sobre os sistemas familiares.

Os Animais como Representantes do Instinto e da Sabedoria Ancestral:

Os animais, com sua presença instintiva e intuitiva, também desempenham um papel fundamental nas constelações na água. Eles podem ser vistos como representantes do instinto animal dentro de nós, bem como da sabedoria ancestral que está presente em todos os seres vivos. Durante as constelações, a presença de animais pode trazer à tona questões relacionadas à proteção, sobrevivência e conexão com a natureza, ajudando-nos a acessar camadas mais profundas do inconsciente coletivo e a encontrar soluções criativas para os desafios que enfrentamos.

A Interconexão dos Elementos:

É importante reconhecer a interconexão dos elementos naturais durante as constelações na água. O vento pode influenciar o movimento da água, criando padrões dinâmicos e imprevisíveis que refletem as complexidades dos sistemas familiares. Da mesma forma, a presença de animais pode atuar como catalisador de energia, ativando áreas específicas do campo mórfico e facilitando a resolução de conflitos e bloqueios. Ao honrar a interação harmoniosa entre todos os elementos, podemos criar um espaço sagrado para a cura e a transformação.

Conclusão

Ao reconhecer a importância dos elementos como o vento e os animais na dinâmica das constelações na água, somos convidados a abrir nossos corações e mentes para a sabedoria da natureza e seus ciclos eternos de mudança e renovação. Que possamos aprender com os ventos da mudança e os animais sábios que habitam nossa psique coletiva, e encontrar paz e harmonia nos fluxos fluidos da vida.

Técnicas e Práticas na Constelação na Água

Mergulharemos nas técnicas e práticas fundamentais para a realização das constelações familiares na água. Aqui, você encontrará um guia detalhado que o conduzirá através de cada etapa do processo terapêutico, capacitando-o a facilitar sessões profundas e significativas de constelação na água.

Exploração dos Elementos da Água:

Começaremos nossa jornada compreendendo os elementos essenciais da água e sua influência no trabalho das constelações familiares. A água, como condutora de energia, desempenha um papel crucial na facilitação do acesso ao campo mórfico e na resolução de dinâmicas sistêmicas. Exploraremos como suas propriedades físicas e simbólicas podem ser utilizadas para criar um ambiente propício à cura e transformação.

Preparação do Ambiente e dos Participantes:

É fundamental preparar adequadamente o ambiente onde as constelações serão realizadas, garantindo que seja um espaço seguro e acolhedor para todos os participantes. Discutiremos a escolha do local, disposição dos materiais e a criação de uma atmosfera que promova a confiança e a abertura emocional. Além disso, abordaremos a importância da preparação emocional e mental dos consteladores e dos representantes, assegurando que estejam plenamente engajados no processo terapêutico.

Seleção e Preparação dos Representantes:

O processo de seleção e preparação dos representantes é

crucial para o sucesso das constelações na água. Discutiremos estratégias para identificar e convidar representantes adequados para cada papel, bem como técnicas para prepará-los emocionalmente para a experiência. Enfatizaremos a importância de cultivar uma atitude de respeito e empatia entre os participantes, criando um ambiente de colaboração e apoio mútuo.

Facilitação e Condução das Constelações na Água:

Durante as constelações na água, o facilitador desempenha um papel fundamental na orientação e condução do processo terapêutico. Exploraremos técnicas de abertura do campo, posicionamento dos representantes e leitura das dinâmicas sistêmicas. Você aprenderá como criar um espaço seguro para a expressão das emoções e a resolução dos conflitos, promovendo a cura e o bem-estar dos participantes.

Integração e Encerramento da Experiência:

Ao encerrar uma sessão de constelação na água, é essencial proporcionar aos participantes a oportunidade de integrar e processar as experiências vivenciadas. Discutiremos estratégias para facilitar a reflexão pós-constelação e oferecer suporte emocional aos participantes. Você aprenderá como ajudar os constelados a integrarem os *insights* e aprendizados obtidos durante a sessão, promovendo um maior entendimento e aceitação das questões sistêmicas abordadas.

Espero que este capítulo forneça uma orientação clara e abrangente sobre as técnicas e práticas envolvidas na realização das constelações familiares na água. Que ele o capacite a conduzir sessões terapêuticas profundas e transformadoras, promovendo o bem-estar e a harmonia nos sistemas familiares.

Utilização de bonecos espelhos para lidar com traumas e bloqueios

Exploraremos uma ferramenta poderosa para lidar com traumas e bloqueios durante as constelações na água: os bonecos espelhos. Estes bonecos desempenham um papel crucial na representação e na resolução de experiências passadas que podem estar afetando o bem-estar emocional e mental dos participantes. Vamos mergulhar mais fundo nesse processo e entender como aplicá-lo de forma eficaz.

Compreensão dos Bonecos Espelhos:

Primeiramente, iremos compreender o conceito de bonecos espelhos e sua função dentro do contexto das constelações na água. Eles são utilizados para representar traumas e bloqueios que podem estar presentes no campo do constelado, permitindo uma exploração mais profunda das dinâmicas sistêmicas em jogo. Discutiremos como esses bonecos atuam como um espelho para as experiências do constelado, refletindo as questões não resolvidas que precisam ser enfrentadas.

Identificação e Abordagem dos Traumas e Bloqueios:

Em seguida, abordaremos técnicas para identificar e abordar traumas e bloqueios durante as constelações na água. Exploraremos como os bonecos espelhos podem ser utilizados para representar experiências traumáticas passadas e os padrões comportamentais que resultaram delas. Você aprenderá como criar um espaço seguro e de apoio para o constelado explorar esses traumas, facilitando o processo de cura e transformação.

Desenvolvimento de Estratégias de Resolução:

Uma vez identificados os traumas e bloqueios, discutiremos estratégias para sua resolução e integração. Os bonecos espelhos podem ser movimentados no campo da constelação para representar diferentes cenários e possibilidades de cura. Você aprenderá como facilitar o processo de reconciliação e perdão entre o constelado e as partes envolvidas nos traumas, promovendo um maior entendimento e aceitação das experiências passadas.

A Importância da Empatia e do Respeito:

Durante todo o processo de trabalho com os bonecos espelhos, enfatizaremos a importância da empatia e do respeito pelos sentimentos do constelado. É fundamental criar um ambiente de apoio e compreensão, onde o constelado se sinta seguro para explorar suas emoções mais profundas. Você aprenderá como cultivar uma atitude de escuta atenta e respeitosa, facilitando o processo de cura e transformação.

Espero que este capítulo forneça uma visão abrangente e prática sobre a utilização de bonecos espelhos para lidar com traumas e bloqueios durante as constelações na água. Que ele o capacite a facilitar sessões terapêuticas profundas e transformadoras, promovendo o bem-estar e a harmonia nos sistemas familiares.

Observação dos fenômenos na água como parte do processo de constelação

Exploraremos a observação dos fenômenos na água como uma parte essencial do processo de constelação. Ao utilizar a água como meio de condução energética, somos capazes de testemunhar movimentos e padrões que refletem dinâmicas sistêmicas mais profundas. Vamos mergulhar neste fascinante aspecto da constelação na água e entender como ele contribui para a compreensão e resolução de questões sistêmicas.

O Que Observamos na Água:

Durante uma sessão de constelação na água, direcionamos nossa atenção para a bacia ou piscina onde os bonecos estão flutuando. Observamos atentamente os movimentos e padrões que surgem na superfície da água, pois eles são reflexos das energias e dinâmicas presentes no campo do constelado. Esses fenômenos podem variar desde movimentos sutis até mudanças mais pronunciadas na disposição dos bonecos.

Interpretação dos Movimentos:

À medida que os fenômenos se desdobram, é importante interpretar os movimentos com sensibilidade e discernimento. Cada gesto e mudança na posição dos bonecos pode fornecer *insights* valiosos sobre os emaranhamentos e questões sistêmicas em jogo. Por exemplo, um boneco que se move em direção a outro pode indicar uma conexão ou conflito entre duas partes do sistema familiar.

Identificação de Padrões e Dinâmicas Ocultas:

Ao observar os fenômenos na água, estamos constantemente procurando por padrões e dinâmicas ocultas que possam estar influenciando a situação do constelado. Esses padrões podem manifestar-se de várias formas, como agrupamentos de bonecos ou movimentos repetitivos em determinadas direções. Ao identificar e compreender esses padrões, podemos revelar aspectos importantes do sistema familiar e facilitar o processo de cura e reconciliação.

Intervenção Sistemática:

Com base na observação dos fenômenos na água, o constelador intervém sistematicamente para facilitar o processo de constelação. Isso pode envolver movimentar os bonecos de acordo com as necessidades do campo, fazer perguntas para esclarecer questões sistêmicas e oferecer *insights* e orientação aos participantes. Cada intervenção é guiada pela observação cuidadosa dos fenômenos na água e pelo desejo de promover a harmonia e o equilíbrio nos sistemas familiares.

Conclusão

A observação dos fenômenos na água é uma parte fundamental do processo de constelação, oferecendo uma janela única para as dinâmicas sistêmicas em jogo. Ao honrar e interpretar os movimentos e padrões que surgem na água, somos capazes de acessar *insights* profundos e promover a cura e a transformação nos sistemas familiares. Que este capítulo o inspire a cultivar uma abordagem atenta e sensível à observação dos fenômenos na água durante suas práticas de constelação.

Leitura do campo mórfico e interpretação dos movimentos dos bonecos na água

Exploraremos a leitura do campo mórfico e a interpretação dos movimentos dos bonecos na água durante uma sessão de constelação. Essa habilidade requer sensibilidade e intuição, pois nos permite acessar informações profundas sobre os sistemas familiares e as dinâmicas sistêmicas em jogo. Vamos entender como esse processo pode enriquecer sua prática de constelação na água.

Compreendendo o Campo Mórfico:

O campo mórfico é uma extensão do campo sistêmico que contém informações e energias relacionadas a um sistema familiar específico. Durante uma constelação na água, nos conectamos com esse campo para acessar *insights* e percepções sobre as questões do constelado. Essa conexão nos permite sentir as energias sutis que permeiam o sistema e observar como elas se manifestam nos movimentos dos bonecos na água.

Interpretação dos Movimentos dos Bonecos:

Ao observar os movimentos dos bonecos na água, estamos atentos a cada gesto e mudança de posição, pois cada um deles carrega significados importantes. Por exemplo, um boneco que se move em direção a outro pode indicar uma conexão ou conflito entre membros da família. Da mesma forma, um boneco que permanece imóvel pode sugerir uma questão não resolvida ou um bloqueio dentro do sistema.

Identificando Padrões e Dinâmicas:

Além de observar os movimentos individuais dos bonecos, também procuramos por padrões e dinâmicas mais amplas que surgem na água. Isso pode incluir agrupamentos de bonecos, movimentos repetitivos ou mudanças repentinas na disposição dos objetos. Ao identificar esses padrões, somos capazes de revelar aspectos ocultos do sistema familiar e compreender melhor as dinâmicas em jogo.

Guiando o Processo de Constelação:

Com base na leitura do campo mórfico e na interpretação dos movimentos dos bonecos, o constelador guia o processo de constelação, fazendo intervenções quando necessário. Isso pode envolver movimentar os bonecos para refletir dinâmicas sistêmicas específicas, fazer perguntas para esclarecer questões importantes e oferecer *insights* e orientação aos participantes. Cada intervenção é realizada com cuidado e respeito ao campo do constelado.

Conclusão

A leitura do campo mórfico e a interpretação dos movimentos dos bonecos na água são habilidades essenciais para o trabalho de constelação. Ao cultivar essa capacidade de observação e intuição, você poderá acessar *insights* profundos e facilitar a cura e a transformação nos sistemas familiares. Que este capítulo o inspire a desenvolver sua habilidade de ler o campo mórfico e interpretar os movimentos dos bonecos com sensibilidade e compaixão.

Lista com interpretação dos movimentos dos bonecos na água e seus possíveis significados:

1. **Boneco se movendo em direção a outro:** Pode indicar uma conexão ou relação entre os membros da família representados pelos bonecos.

2. **Boneco permanecendo imóvel:** Sugere uma questão não resolvida ou um bloqueio dentro do sistema familiar.

3. **Agrupamento de bonecos:** Pode representar a proximidade ou a coesão entre determinados membros da família, ou ainda revelar dinâmicas de grupo dentro do sistema.

4. **Boneco afundando:** Pode indicar uma sensação de peso, opressão ou dificuldade enfrentada pelo constelado ou pelo sistema familiar.

5. **Boneco flutuando:** Pode sugerir uma sensação de leveza, liberação ou fluidez em relação a uma questão específica.

6. **Movimentos repetitivos:** Podem representar padrões de comportamento ou dinâmicas repetitivas dentro do sistema familiar que precisam ser reconhecidas e trabalhadas.

7. **Mudanças repentinas na disposição dos bonecos:** Podem indicar uma mudança de dinâmica ou uma revelação importante dentro do sistema, exigindo atenção e reflexão por parte do constelador.

8. **Bonecos se aproximando e depois se afastando:** Pode refletir conflitos ou distanciamento emocional entre membros da família, revelando a necessidade de reconciliação ou resolução de conflitos.

9. **Bonecos que se movem em círculo:** Pode sugerir um ciclo repetitivo de comportamento ou uma dinâmica familiar que continua a se repetir ao longo do tempo.

10. **Bonecos que se tocam ou se cruzam:** Pode representar interações complexas entre membros da família, revelando conexões profundas ou conflitos não resolvidos.

11. **Bonecos olhando para fora do campo:** Pode indicar um desejo de conexão com elementos externos ao sistema familiar representado na constelação, como ancestrais ausentes, recursos divinos ou outras influências espirituais.

12. **Bonecos emaranhados ou sobrepostos:** Pode representar conflitos, enredos ou sobreposições de papéis dentro do sistema familiar, indicando a necessidade de esclarecimento e resolução.

13. **Bonecos que se movem em direção ao constelador:** Pode sugerir uma busca por orientação, ajuda ou intervenção por parte do constelador, destacando a importância do papel do facilitador no processo de constelação.

14. **Bonecos que se movem para longe do constelador:** Pode indicar resistência, desconfiança ou desconforto em relação à intervenção do constelador, exigindo uma abordagem cuidadosa e respeitosa por parte do facilitador.

15. **Bonecos que permanecem estáveis enquanto outros se movem:** Pode refletir diferentes níveis de envolvimento ou investimento emocional dos membros da família em relação à questão apresentada na constelação.

16. **Bonecos que se deslocam para o centro da bacia de água:** Pode sugerir uma concentração de energia ou atenção em

torno de um aspecto específico do sistema familiar, indicando sua importância ou relevância para a dinâmica geral.

17. **Bonecos que se afastam um do outro:** Pode indicar distanciamento emocional, separação ou desconexão entre membros da família, ressaltando a necessidade de reconexão e integração.

18. **Bonecos que se movem de forma errática ou imprevisível:** Pode representar instabilidade emocional, conflito interno ou caos dentro do sistema familiar, exigindo uma abordagem delicada e cuidadosa por parte do constelador.

19. **Bonecos que se movem em direção a um objeto específico:** Pode sugerir uma associação ou conexão entre o objeto e uma questão emocional ou relacional dentro do sistema familiar, destacando a importância simbólica do objeto na dinâmica da constelação.

20. **Bonecos que permanecem imóveis por um longo período:** Pode indicar uma resistência ou bloqueio emocional dentro do sistema familiar, exigindo uma abordagem paciente e compassiva por parte do constelador para facilitar a liberação e o movimento.

21. **Bonecos que flutuam em direção à borda da bacia de água:** Pode sugerir um desejo de sair de uma situação ou de buscar uma nova perspectiva, indicando uma necessidade de mudança ou de expansão dentro do sistema familiar.

22. *Boneco*s **que afundam na água:** Pode representar uma sensação de afundamento emocional, desespero ou falta de esperança em relação a uma questão específica, destacando a profundidade do sofrimento ou da dificuldade enfrentada pelo sistema familiar.

23. **Bonecos que se aproximam uns dos outros:** Pode indicar uma busca por conexão, união ou harmonia entre os membros da família, ressaltando a importância do apoio mútuo e da colaboração para resolver questões sistêmicas.

24. **Bonecos que se movem de forma coordenada ou sincronizada:** Pode sugerir um alinhamento ou acordo entre os membros da família em relação a uma questão específica, indicando uma possível resolução ou reconciliação dentro do sistema familiar.

25. **Bonecos que permanecem próximos à superfície da água:** Pode representar uma conscientização ou uma superficialidade em relação a uma questão específica, destacando a necessidade de aprofundamento ou de investigação mais detalhada para compreender plenamente os desafios enfrentados pelo sistema familiar.

26. **Bonecos que se movem na direção oposta ao esperado:** Pode indicar uma contradição ou resistência em relação a uma solução proposta ou a uma direção sugerida dentro da constelação, exigindo uma revisão ou adaptação da abordagem pelo constelador.

27. **Bonecos que mudam de posição repentinamente:** Pode representar uma mudança súbita ou inesperada na dinâmica familiar, indicando a necessidade de flexibilidade e adaptabilidade por parte dos membros da família para lidar com novas circunstâncias ou desafios.

28. **Bonecos que se agrupam em torno de um único ponto:** Pode sugerir uma convergência de energia ou atenção em relação a uma questão específica, destacando sua importância ou urgência dentro do sistema familiar.

29. **Bonecos que permanecem imóveis enquanto outros se movem:** Pode indicar uma estagnação ou bloqueio emocional em relação a uma questão específica, exigindo uma abordagem delicada e cuidadosa por parte do constelador para facilitar a liberação e o movimento.

30. **Bonecos que se movem de forma fluida e natural:** Pode representar uma resolução ou harmonização das dinâmicas familiares, indicando um progresso positivo em direção à integração e ao equilíbrio dentro do sistema familiar.

31. **Bonecos que se aproximam de uma âncora específica:** Pode sugerir uma conexão emocional ou simbólica entre um membro da família e um aspecto particular da questão em constelação, ressaltando sua relevância ou influência dentro do sistema familiar.

32. **Bonecos que se movem de forma errática ou caótica:** Pode indicar uma disfunção ou desordem dentro do sistema familiar, destacando a necessidade de clarificação, organização ou resolução das questões em constelação para restaurar a harmonia e o equilíbrio.

33. **Bonecos que permanecem estáveis enquanto outros se movem ao redor deles:** Pode representar uma figura de autoridade ou estabilidade dentro do sistema familiar, ressaltando seu papel central ou influência na dinâmica familiar e na resolução de conflitos.

34. **Bonecos que se movem em direção à margem oposta da bacia de água:** Pode sugerir uma tendência de evasão ou fuga em relação a uma questão específica, destacando a necessidade de enfrentar ou confrontar os desafios dentro do sistema familiar para promover o crescimento e a transformação.

35. **Bonecos que permanecem próximos uns dos outros, mas sem se tocar:** Pode indicar uma falta de conexão emocional ou distância entre os membros da família, ressaltando a necessidade de comunicação aberta e de expressão de afeto para fortalecer os laços familiares.

36. **Bonecos que se movem em círculo:** Pode representar um ciclo repetitivo de comportamentos ou padrões dentro do sistema familiar, indicando a necessidade de interromper esse ciclo e buscar novas abordagens para resolver questões pendentes.

37. **Bonecos que parecem resistir ao movimento:** Pode sugerir uma resistência ou obstáculo emocional em relação a uma

mudança necessária dentro do sistema familiar, destacando a importância de abordar e resolver essas resistências para avançar no processo de constelação.

38. **Bonecos que se movem em direção ao centro da bacia de água:** Pode indicar uma convergência de energia ou foco em uma questão central dentro do sistema familiar, ressaltando sua importância ou prioridade na resolução de conflitos e na busca por equilíbrio.

39. **Bonecos que permanecem imóveis por um longo período:** Pode representar uma estagnação ou bloqueio emocional em relação a uma questão específica, exigindo paciência e persistência por parte do constelador para facilitar a liberação e o movimento dentro do sistema familiar.

40. **Bonecos que se movem em direção à luz ou a uma fonte de energia:** Pode sugerir uma busca por iluminação ou compreensão em relação a uma questão específica, destacando a importância de buscar *insights* e soluções criativas para promover o crescimento e o desenvolvimento pessoal dentro do sistema familiar.

Exercício 35 – Constelando na Água

Preparação dos Materiais:

- Para iniciar uma constelação na água, você precisará de uma bacia de vidro ou plástico com cerca de 30 cm de diâmetro, preenchida com água. Podem-se utilizar também piscinas pequenas para essa finalidade.

Escolha dos Bonecos ou Âncoras:

- Os bonecos ou âncoras devem ser leves o suficiente para flutuar na água, como os feitos de EVA, isopor, papéis ou pregadores. Eles serão usados para representar os membros da família ou elementos do sistema durante a constelação.

Abertura do Campo na Água:

- Antes de começar, é importante abrir um campo energético na água. Isso pode ser feito através de uma intenção focada e consciente, convidando a presença dos elementos da natureza, como o vento, ou permitindo que crianças toquem na água, indicando a necessidade de o campo se manifestar.

Colocação dos Bonecos Espelhos:

- Os bonecos espelhos são utilizados no campo para representar aspectos cristalizados ou traumáticos de um membro da família. Eles são colocados como representantes do representante principal, permitindo que a energia se mova no campo.

Observação dos Fenômenos na Água:

- Durante a constelação, é importante observar atentamente os movimentos e fenômenos que ocorrem na água. Isso inclui a movimentação dos bonecos, a formação de padrões ou qualquer outro evento que possa ocorrer.

Interpretação dos Movimentos e Padrões:

- Os movimentos e padrões observados na água são interpretados pelos facilitadores da constelação. Eles podem indicar dinâmicas familiares, traumas não resolvidos ou questões sistêmicas que precisam ser abordadas.

Diálogo e Conversa Sistêmica:

- Durante a constelação, é importante facilitar o diálogo entre os membros representados e explorar as questões sistêmicas que surgem. Isso pode ser feito através de perguntas circulares e conversas que levam à reflexão e *insights*.

Encerramento e Integração:

- Ao final da constelação, é importante encerrar o campo e permitir que os *insights* e aprendizados sejam integrados. Isso pode incluir rituais de encerramento, expressão de gratidão e criação de planos de ação para a resolução das questões identificadas.

Lembrando que cada constelação na água é única e pode seguir um fluxo diferente, adaptando-se às necessidades e dinâmicas específicas do sistema familiar em questão. O importante é manter uma abordagem respeitosa, compassiva e focada no bem-estar e cura de todos os envolvidos.

Exercício 35b – Constelando na Água

Objetivo

Utilizar a técnica de constelação na água para explorar padrões familiares ocultos, trazendo à tona questões inconscientes e proporcionando uma nova perspectiva de cura e transformação. Este exercício ajuda a visualizar a dinâmica familiar de maneira simbólica, utilizando o movimento na água para revelar interações e conexões profundas no sistema.

Passo a Passo do Exercício

1. Preparação do Ambiente

Antes de começar, certifique-se de que o ambiente está tranquilo e adequado para o exercício. Escolha um recipiente grande o suficiente para conter água e que permita o movimento suave dos bonecos ou âncoras flutuantes. Uma bacia ou tanque pequeno é ideal.

Itens necessários:

- Um recipiente com água (pode ser uma bacia ou tanque).
- Bonecos, âncoras leves ou objetos que flutuam na água (podem-se usar pequenos barcos de papel, folhas ou bonecos de madeira).
- Um ambiente calmo, onde você possa conduzir a constelação sem interrupções.

2. Definindo o Tema

Escolha um tema ou questão que deseja constelar. O tema pode ser relacionado a padrões familiares repetitivos, questões emocionais, problemas financeiros, relacionamentos, ou saúde. A água, como meio de reflexão e purificação, irá amplificar a energia do campo, ajudando a trazer à tona informações ocultas.

Perguntas para ajudar a definir o tema:

- "Qual questão familiar ou padrão repetitivo você gostaria de explorar?"
- "Há algo em sua vida que parece não ter solução, mesmo após tentativas?"
- "Que parte da sua vida você gostaria de curar ou entender melhor?"

Exemplo de tema:

Um padrão repetitivo de relacionamentos amorosos fracassados.

3. Escolha dos Representantes

Após definir o tema, selecione os bonecos ou âncoras que representarão os elementos importantes da constelação. Coloque-os na água, cada um representando um membro da família ou aspectos importantes relacionados ao tema.

Escolha representantes para os seguintes elementos:

- Você (constelado);
- O tema que deseja constelar (por exemplo, fracasso em relacionamentos, bloqueios financeiros, saúde);
- Membros da família envolvidos na questão;
- O novo caminho ou solução desejada (por exemplo, prosperidade, harmonia, sucesso nos relacionamentos).

4. Posicionamento na Água

Coloque os bonecos ou âncoras na água de acordo com o que você sente intuitivamente. O movimento inicial deve ser natural, sem manipulação. Coloque o representante de si mesmo e dos outros elementos, como membros da família ou o tema, na água e observe como eles interagem.

Diga ao constelado:

"Coloque os bonecos na água de forma intuitiva e observe como eles flutuam, se aproximam ou se afastam uns dos outros."

Deixe a água criar movimentos próprios e veja como as âncoras se comportam. A água, como um meio fluido, revela as dinâmicas ocultas e o fluxo de energia entre os elementos.

5. Observação dos Movimentos

Observe os movimentos dos bonecos na água. Como eles interagem? Estão se aproximando, afastando, girando ou permanecendo parados? Esses movimentos representam a dinâmica energética e emocional entre você, os membros da família e o tema da constelação.

Perguntas para observação:

- "Os representantes estão próximos ou distantes uns dos outros?"
- "Há algum representante que está sendo empurrado pela água em uma direção específica?"
- "Algum representante parece estar preso ou isolado?"

Esses movimentos simbólicos podem revelar emaranhamentos, padrões de exclusão, conflitos não resolvidos ou a necessidade de restabelecer a ordem no sistema.

6. Intervenção e Movimentos de Cura

- Após observar o campo, você pode intervir, movendo suavemente os bonecos na água.

- Se algum representante parecer bloqueado ou isolado, aproxime-o dos outros. Se houver emaranhamentos ou padrões de repetição, mova os bonecos de forma a restabelecer a ordem e o equilíbrio.

Exemplo de movimento:

Se o constelado estiver distante do representante que simboliza o novo caminho (por exemplo, um relacionamento saudável), mova-o na água, aproximando-o suavemente desse representante.

7. Frases de Cura

Utilize frases de cura enquanto movimenta os bonecos ou âncoras. Essas frases ajudam a liberar dinâmicas negativas e a restaurar a harmonia no sistema familiar. Dependendo do tema, escolha uma das frases a seguir:

- **Para liberar padrões de repetição:**

"Eu vejo o que se repetiu em nossa família e escolho seguir meu próprio caminho, livre desse padrão."

- **Para restabelecer a conexão com um membro da família:**

"Eu vejo e honro sua história. Eu sigo minha vida com amor, sem precisar carregar seu destino."

- **Para restaurar a harmonia:**

"Eu honro o lugar de cada um no sistema familiar. Todos pertencem e todos têm o seu espaço."

8. Integração e Harmonização

Após realizar os movimentos de cura, observe novamente os bonecos na água. Eles estão mais harmonizados agora? Como os representantes se posicionam após as intervenções? O constelado deve perceber uma sensação de equilíbrio, harmonia e leveza no campo.

Perguntas para reflexão final:
- "Como você se sente agora em relação ao tema que constelou?"
- "Você percebe mais leveza ou clareza na questão?"
- "Os bonecos na água estão em harmonia uns com os outros?"

9. Encerramento

Para encerrar o exercício, retire os bonecos da água e agradeça ao campo e ao sistema familiar pela oportunidade de constelar a questão. Deixe a água repousar e visualize a energia restaurada, fluindo livremente.

Frase de encerramento:

"Agradeço ao sistema familiar e honro cada um de vocês. Eu sigo meu próprio caminho, com leveza e harmonia."

10. Reflexão Pessoal

Tire alguns minutos para refletir sobre o que aprendeu durante o exercício. Escreva suas observações, percepções e sentimentos. A constelação na água pode revelar aspectos profundos do seu sistema familiar e padrões que precisam ser curados.

Conclusão

A constelação na água é uma técnica poderosa que usa a fluidez e sensibilidade da água para trazer à superfície dinâmicas ocultas e padrões familiares. Ao utilizar este exercício, o constelado pode visualizar, interagir e curar questões que afetam seu bem-estar, restaurando a ordem no sistema e abrindo caminho para um novo fluxo de vida, harmonia e sucesso.

O que é importante sobre este exercício?

5.2 Constelação com Bonecos de Madeira, de plástico, de biscuit e de EVA

Introdução à Constelação com Bonecos

A Constelação Familiar com bonecos é uma abordagem terapêutica que utiliza representações visuais de membros da família ou elementos do sistema familiar, através de bonecos ou figuras, para explorar e compreender dinâmicas complexas e interações dentro de sistemas familiares. Inspirada no trabalho do psicoterapeuta alemão Bert Hellinger, essa prática busca trazer à luz questões ocultas, padrões repetitivos e emoções não processadas que podem estar influenciando o bem-estar emocional e relacional dos indivíduos.

Durante uma sessão de Constelação Familiar com bonecos, o facilitador ou terapeuta orienta o cliente a posicionar os bonecos no espaço de acordo com as relações e dinâmicas familiares que estão sendo exploradas. Essa disposição espacial permite que o cliente visualize e interaja simbolicamente com as diferentes partes do sistema familiar, possibilitando *insights* profundos e revelações sobre questões emocionais, conflitos ou bloqueios que podem estar presentes.

Ao facilitar a representação visual das dinâmicas familiares, a Constelação Familiar com bonecos oferece uma oportunidade única para identificar e transformar padrões disfuncionais, promovendo assim o crescimento pessoal, a cura emocional e a harmonia nos relacionamentos familiares.

Compreendendo os Sintomas Físicos, Emocionais e Mentais nas Constelações Familiares com Bonecos

Neste livro, exploramos os fenômenos sistêmicos de emaranhamentos comuns em constelações familiares com bonecos, baseados em anos de observação. Primeiramente, descrevemos cada fenômeno, oferecendo então uma interpretação (Int.) e, por fim, sugestões que têm sido úteis para solucionar (Sol.) o emaranhamento.

É importante ressaltar que as sugestões apresentadas não representam soluções definitivas, mas sim passos significativos em direção a elas. Cada constelação possui sua própria dinâmica e solução específicas. Apesar disso, existem elementos comuns no trabalho sistêmico.

Este livro é destinado a ser utilizado como um recurso de apoio para estudantes, porém é essencial que o terapeuta confie principalmente em sua própria percepção da verdade de um sistema durante o processo de constelação.

Exercício 36 – Análise 360 graus com bonecos

1. Preparação

- Coloque o constelado no centro do campo sistêmico, representado por um boneco ou figura.

- Posicione os outros membros da família ou elementos relevantes do sistema ao redor do constelado, começando de forma aleatória, de acordo com a vontade do constelado.

2. Observação da Disposição Inicial

- Observe a posição inicial de cada boneco em relação ao constelado e uns aos outros.
- Registre mentalmente ou por escrito as direções e distâncias entre os bonecos, formando um panorama visual do campo sistêmico.

3. Interpretação das Posições

- Analise as posições dos bonecos em relação ao constelado e suas interações.
- Considere a distância, proximidade, orientação e hierarquia implícita entre os membros do sistema representados pelos bonecos.
- Busque padrões ou dinâmicas familiares subjacentes, como alinhamentos, bloqueios, conexões emocionais e relações de poder.

4. Atribuição de Significado

- Atribua significados às diferentes posições dos bonecos com base nas observações e nas dinâmicas familiares conhecidas.
- Por exemplo, um boneco posicionado mais próximo ao constelado pode representar uma figura de autoridade, enquanto um boneco afastado pode representar um membro excluído ou distante emocionalmente.

5. Exploração de Interconexões

- Explore as interconexões entre os bonecos e como essas relações afetam o constelado e o sistema familiar como um todo.
- Identifique possíveis conflitos, lealdades invisíveis, segredos familiares ou padrões de repetição que emergem das interações entre os bonecos.

6. *Feedback* do Constelado:

- Permita que o constelado forneça *feedback* sobre as posições dos bonecos e suas interpretações.
- Esteja aberto para ajustar as posições dos bonecos conforme solicitado pelo constelado ou conforme novas informações são reveladas durante a sessão.

7. Resolução e Intervenção

- Com base na análise do campo sistêmico, identifique áreas de desequilíbrio ou bloqueio que requerem intervenção.
- Proponha movimentos ou ajustes nos bonecos para restabelecer a harmonia e o fluxo de energia no sistema familiar representado.

8. Revisão e Reflexão:

- Após realizar intervenções, observe como as novas disposições dos bonecos afetam o constelado e o sistema como um todo.
- Reflita sobre os *insights* obtidos e os resultados das intervenções, ajustando conforme necessário para alcançar uma resolução mais profunda e duradoura.

Exercício 37 – Posicionamento no Campo Giratório de 360 Graus

• **Centro (1):**

O constelado está no centro do campo, representado por um boneco ou figura. Esta posição representa o foco principal da constelação e o ponto de referência para os outros elementos do sistema.

• **À Frente (2 a 3):**

Os membros do sistema posicionados à frente do constelado (2 a 3) podem simbolizar apoio, orientação ou liderança. Podem representar figuras de autoridade, mentores ou aqueles que estão à frente no caminho da vida do constelado.

- **À Direita (4 a 5):**

Os bonecos posicionados à direita do constelado (4 a 5) podem representar conexões familiares próximas, como cônjuges, filhos ou outros membros imediatamente ligados ao constelado. Essa posição pode indicar relacionamentos íntimos ou influências diretas.

- **Atrás (6 a 7):**

Os bonecos posicionados atrás do constelado (6 a 7) podem representar figuras do passado, memórias, eventos traumáticos ou elementos inconscientes que afetam o presente. Essa posição pode sugerir influências ocultas ou questões não resolvidas que precisam ser enfrentadas.

- **À Esquerda (8 a 9):**

Os membros do sistema posicionados à esquerda do constelado (8 a 9) podem representar conexões mais distantes, como parentes distantes, amigos ou outras influências externas. Essa posição pode indicar suporte externo, influências culturais ou sociais e oportunidades para expansão.

- **Acima (10):**

Bonecos posicionados acima do constelado (10) podem representar figuras de autoridade, ideais, objetivos ou aspirações. Essa posição pode sugerir orientação espiritual, metas elevadas ou influências divinas.

- **Abaixo (0):**

Bonecos posicionados abaixo do constelado (0) podem representar desafios, dificuldades, aspectos sombrios ou questões não resolvidas que precisam ser enfrentadas. Essa posição pode indicar trauma, bloqueios emocionais ou problemas subjacentes.

- **Ao Redor (1 a 10):**

Bonecos posicionados ao redor do constelado em várias direções podem representar uma rede de conexões familiares, sociais e emocionais. Essa posição pode indicar a complexidade das relações e a interdependência entre os membros do sistema.

Esses números de 1 a 10 para o posicionamento no campo giratório de 360 graus podem proporcionar uma estrutura mais simples e intuitiva para análise e representação das dinâmicas familiares e sistêmicas durante uma constelação familiar.

Posicionamento no Campo Giratório de 360 Graus com Significados das Leis do Amor:

- Centro (1)

Significado das Leis do Amor quebradas:

- **Hierarquia:** Pode indicar uma quebra na hierarquia familiar, com papéis ou posições não reconhecidos ou respeitados.

- **Pertencimento:** Indica uma falta de pertencimento ou conexão emocional com o sistema familiar.

- **Equilíbrio:** Sugere um desequilíbrio nas relações familiares, com uma distribuição desigual de poder ou responsabilidades.

- À Frente (2 a 3)

Significado das Leis do Amor quebradas:

- **Hierarquia:** Pode representar uma falta de liderança adequada ou uma inversão de papéis dentro da família.

- **Pertencimento:** Indica uma desconexão emocional ou um sentimento de exclusão por parte do constelado.

- **Equilíbrio:** Sugere uma falta de equilíbrio nas relações, com uma pessoa dominando ou controlando as outras.

- À Direita (4 a 5)

Significado das Leis do Amor quebradas:

- **Hierarquia:** Pode representar uma quebra na ordem natural de autoridade ou respeito dentro da família.
- **Pertencimento:** Indica uma falta de aceitação ou reconhecimento por parte dos membros familiares representados.
- **Equilíbrio:** Sugere um desequilíbrio de poder, com uma pessoa sendo sobrevalorizada em relação às outras.

- Atrás (6 a 7)

Significado das Leis do Amor quebradas:

- **Hierarquia:** Indica problemas não resolvidos do passado que continuam afetando o presente, como segredos de família ou eventos traumáticos não abordados.
- **Pertencimento:** Sugere uma sensação de exclusão ou desconexão com as raízes familiares.
- **Equilíbrio:** Pode representar um desequilíbrio emocional causado por questões não resolvidas do passado que continuam a influenciar o sistema familiar.

- À Esquerda (8 a 9)

Significado das Leis do Amor quebradas:

- **Hierarquia:** Pode indicar uma falta de respeito pelas figuras de autoridade ou uma inversão de papéis familiares.
- **Pertencimento:** Indica uma falta de conexão ou apoio por parte de membros externos à família.
- **Equilíbrio:** Sugere um desequilíbrio nas relações externas à família, com influências externas desestabilizando o sistema familiar.

- Acima (10)

Significado das Leis do Amor quebradas:

- **Hierarquia:** Pode representar uma aspiração por uma posição de poder ou autoridade que não é natural ou saudável para o constelado.

- **Pertencimento:** Indica uma desconexão espiritual ou falta de alinhamento com os valores e tradições familiares.

- **Equilíbrio:** Sugere uma busca excessiva por metas ou ideais que podem desequilibrar as relações familiares ou pessoais.

• Abaixo (0)

Significado das Leis do Amor quebradas:

- **Hierarquia:** Indica uma falta de respeito pelos fundamentos familiares ou uma negação das tradições e valores familiares.

- **Pertencimento:** Sugere uma sensação de alienação ou desapego emocional em relação à família ou ao sistema de origem.

- **Equilíbrio:** Pode representar uma falta de estabilidade emocional ou uma negação das necessidades emocionais básicas dentro do sistema familiar.

• Ao Redor (1 a 10)

Significado das Leis do Amor quebradas:

- **Hierarquia:** Indica uma falta de respeito pelas posições e papéis dos membros familiares, com conflitos de poder ou falta de liderança.

- **Pertencimento:** Sugere uma desconexão ou separação entre os membros do sistema, com falta de apoio emocional ou aceitação.

- **Equilíbrio:** Pode representar um desequilíbrio nas relações familiares, com uma distribuição desigual de recursos, amor ou atenção.

Exercício 38 –
Posicionamento no Campo Giratório de 360 Graus com Significados para Emaranhamentos e Lealdades Invisíveis

- Centro (1)

Lealdades Invisíveis e Emaranhamentos:

- No centro do campo, o constelado pode estar cercado por lealdades invisíveis e emaranhamentos familiares que estão profundamente enraizados no sistema.

- Essas lealdades podem estar relacionadas a obrigações não ditas, segredos de família ou identificações inconscientes com membros anteriores do sistema.

- À Frente (2 a 3)

Lealdades Invisíveis e Emaranhamentos:

- Posicionar membros do sistema à frente do constelado pode indicar uma tentativa de proteger ou apoiar o constelado, mas também pode sugerir um fardo adicional que está sendo carregado por esses membros.

- À Direita (4 a 5)

Lealdades Invisíveis e Emaranhamentos:

- Ter membros do sistema à direita do constelado pode representar laços familiares estreitos e fortes, mas também pode indicar um peso emocional ou responsabilidade que está sendo transferida para esses membros.

- Atrás (6 a 7)

Lealdades Invisíveis e Emaranhamentos:

- Colocar membros do sistema atrás do constelado pode sugerir a presença de questões não resolvidas ou traumas do passado que continuam a afetar o constelado e o sistema familiar como um todo.

- À Esquerda (8 a 9)

Lealdades Invisíveis e Emaranhamentos:

- Posicionar membros do sistema à esquerda do constelado pode indicar uma desconexão ou distância emocional entre esses membros e o constelado, mas também pode revelar padrões de comportamento repetitivos que perpetuam os emaranhamentos familiares.

- Acima (10)

Lealdades Invisíveis e Emaranhamentos:

- Ter membros do sistema acima do constelado pode representar influências espirituais ou ancestrais que afetam o constelado, mas também pode indicar um sentimento de opressão ou expectativas irrealistas impostas pelo sistema familiar.

- Abaixo (0)

Lealdades Invisíveis e Emaranhamentos:

- Colocar membros do sistema abaixo do constelado pode sugerir uma sensação de inferioridade ou inadequação que está sendo projetada sobre esses membros, como também pode indicar uma tendência de se sentir sobrecarregado ou oprimido pelo peso das lealdades familiares invisíveis.

- Ao Redor (1 a 10)

Lealdades Invisíveis e Emaranhamentos:

- Ter membros do sistema ao redor do constelado pode representar uma teia complexa de relações e interações familiares que contribuem para os emaranhamentos e lealdades invisíveis presentes no sistema.

Exercício 39 – Posições

1. A mulher está em pé ao lado direito do homem.

Int.: Frequentemente isto é sentido como a ordem errada entre os casais, principalmente das crianças.

Sol.: Mude a posição e perceba o resultado.

2. O homem em pé bem perto, atrás da mulher.

Int.: a) A filha tenta impedir que o pai veja uma coisa terrível, ou ela vai impedi-lo de deixar o sistema; a esposa bloqueia seu marido com medo de que ele possa deixar o sistema.

Sol.: A pessoa em frente dá um passo ao lado e ambos podem olhar para a mesma direção ou a esposa/filha pode se virar e olhar para o rosto um do outro.

3. A mulher está em pé bem atrás do homem.

Int.: Como a anterior. Mas agora é um filho que impede sua mãe ou o marido que bloqueia sua mulher.

Sol.: Como a solução anterior.

4. O casal está em pé olhando um para o outro.

Int.:

a) A relação do casal está terminando ou já terminou.

b) Ambos regridem a uma relação pai-criança.

Sol.: Começar a trabalhar o processo de separação maduro e curativo, ou trabalhar a questão infantil na família de origem e então trabalhar a questão do casal.

5. A criança está em pé na 1ª posição ao lado direito do pai.

Int.: A criança está representando outra pessoa do sistema que está secretamente excluída ou desrespeitada. Se essa criança for um menino, ele pode estar representando um parceiro anterior ou um grande amor da mãe.

Int.: Se for uma menina, ela pode estar representando uma parceira anterior ou um grande amor do pai.

Sol.: Traga para o sistema esta pessoa esquecida para que todos possam vê-la. A pessoa dá as costas para todo o sistema.

Int.: a) Esta pessoa vai deixar o sistema, por exemplo: seguindo um antepassado morto do sistema. Se essa pessoa é uma criança, vai seguir um antepassado que pode ter sido maltratado pelo sistema. Esta pessoa vai punir o sistema por ter violado a ordem do amor de alguém que pertence ao sistema.

Sol.: Trazer a pessoa esquecida e deixá-la ser vista e encontrada pelo seguidor e depois por todos os membros do sistema.

6. A hierarquia natural da idade das crianças está em desordem.

Int.: Na maioria das vezes uma ou mais crianças ocupam um lugar especial, porque assumiram os fardos (culpa, uma doença ou uma responsabilidade) de seus pais. Os irmãos não gostam disso e dão as costas ou rejeitam essas crianças.

Sol.: Deixe essas crianças devolverem esses fardos (responsabilidade) para os seus pais, deixe-os ocuparem a posição hierárquica natural de sua idade e deixe-os ver seus pais. Pode ser necessário que cada criança confirme seu reconhecimento das posições dos irmãos mais velhos ou irmãs por meio de palavras.

7. Irmãos competem entre si por uma posição.

Int.: Os pais usaram ou favoreceram uma ou outra criança para satisfazer as suas próprias necessidades.

Sol.: Os pais têm que tirar esta projeção/carga da criança, reconhecendo a dor da criança e arrependendo-se do que eles fizeram.

8. Todos os membros do sistema olham para a mesma direção.

Int.: Um ou mais membros importantes do sistema está faltando ou está ausente. Algumas vezes, é aquela pessoa que tem sido colocada na posição mais distante.

Sol.: Trazer o membro esquecido para o sistema em frente de todos os outros onde está o espaço vazio e ver o que acontece.

9. O filho está em pé no lugar do pai ao lado da mãe.

Int.: O filho representa seu pai com uma atitude de superioridade/arrogância. Às vezes, a mãe o colocou neste lugar inconscientemente. O filho poderia desenvolver muita feminilidade em sua personalidade.

Sol.: Todos os membros do sistema olham para a mesma direção.

Int.: Um ou mais membros importantes do sistema está faltando ou está ausente. Algumas vezes, é aquela pessoa que tem sido colocada na posição mais distante.

Sol.: Trazer o membro esquecido para o sistema em frente de todos os outros onde está o espaço vazio e ver o que acontece.

10. A filha está em pé no lugar da mãe ao lado do pai.

Int.: A filha representa a posição da mãe e na maior parte das vezes expressa uma grandiosidade indevida.

Int.: A filha não toma a sua mãe. Ela pode pagar o preço de viver solteira e sem ter filhos. Sol.: Trazer a filha em frente à mãe e iniciar o processo de tomar a mãe. Às vezes, trazer a linhagem materna pode ajudar.

11. Uma criança posicionada quer se sentar logo após o início da constelação.

Int.: Essa pode ter sido uma criança abortada ou uma criança doada.

Sol.: Deixar os pais virem bem perto dessa criança, ao nível do olho no olho.

12. Todos os membros da família em pé muito próximos.

Int.: Falta uma distância respeitosa e espaço para o autodesenvolvimento pessoal sem medo da autonomia ou de ver uma verdade desagradável.

Sol.: Primeiro passo: deixe que todos se movam para o lugar onde queiram ir.

A sucessão temporal dos relacionamentos/casamentos do homem ou da mulher é confusa.

13. Um parceiro ainda não está em paz com um parceiro anterior.

Int.: Ele ou ela ainda deve alguma coisa a um parceiro.

Sol.: Traga os parceiros na ordem temporal correta, isto é, o parceiro mais antigo em pé na primeira posição, o segundo parceiro em pé na segunda posição, seguindo o sentido horário, etc., e deixe a pessoa-chave encontrar cada um e iniciar o processo curativo de separação de casais (*ver Bert Hellinger*).

14. Uma criança confronta um pai.

Int.: A criança censura (culpa) este pai, e se recusa a tomar o pai/mãe.

Sol.: Inicie o processo de tomar os pais.

15. Um membro da família original está posicionado dentro do sistema familiar atual ou vice-versa.

Int.: Ambos os sistemas estão confusos.

Sol.: Comece com o sistema que tem forte impacto.

16. A pessoa (geralmente é uma criança) está posicionada no meio de um círculo.

Int.: a) Esta constelação parece ter sido pré-fabricada pelo cliente (pessoa chave);

b) A pessoa no centro foi abusada emocionalmente ou adota uma atitude de autopresunção enquanto ele/ela tem assumido uma responsabilidade, uma carga, de membros adultos.

Sol.: a) Interrompa o trabalho de constelação com o cliente, e retome-o mais tarde.

b) Traga-o(a) perto da outra criança, ou peça para ele/ela para mover-se para outro lugar.

17. Uma filha em pé em frente a um tio ou avô.

Int.: A filha pode ter sido abusada ou molestada pela pessoa que está do lado oposto.

Sol.: Cheque se há vergonha no adulto ou raiva na criança (ou também amor) e deixe-a falar o que ela sente.

18. Alguém está posicionado a uma distância extrema do sistema.

Int.: Esta pessoa carrega uma carga de outro membro do sistema ou é desrespeitado.

Sol.: Traga a pessoa para um lugar onde todos possam vê-la.

Sintomas Físicos

Olhos

19. Alguém do sistema olha constantemente para o chão.

Int.: Esta pessoa tem uma imagem interior de um membro morto do sistema.

Sol.: Escolha um representante para esta pessoa e faça-o(a) deitar no chão com a cabeça exatamente dentro do campo de visão de um membro que está em pé.

20. Alguém constantemente olha para o céu.

Int.: a) Esta pessoa evita olhar para uma pessoa morta do sistema;

Esta pessoa evita olhar para outros membros da família, porque esconde algo terrível dos outros.

Sol.: a) Traga a pessoa morta e faça a outra pessoa olhar para ela;

Encontre um membro da família que proteja/ajude a essa pessoa a carregar o segredo e deixe-o(a)a em pé ao seu lado. Isto deve ajudar a revelar o segredo.

21. Alguém mantém os olhos permanentemente fechados.

Int.: Expressão de algo vergonhoso no sistema.

Sol.: Traga a pessoa ou questão evitada e peça para abrir os olhos.

22. Expressão de vazio no olhar.

Int.:

a) Falta de contato com o sistema. Pode ter tomado o lugar de outra pessoa do sistema primário.

b) Falta de contato com o país de origem da pessoa.

Sol.: Encontre aquela pessoa a qual deveria estar de pé exatamente na direção do olhar vazio. A pátria-mãe pode também ser representada por uma pessoa.

23. Um rápido olhar perdido em algo distante ou no espaço.

Int.: Esta pessoa pode estar procurando por um ser superior ou entidade que traga a reconciliação para muitos emaranhamentos do sistema.

Sol.: Traga a pessoa para representar o Eu Superior ou Princípio Espiritual de Paz.

24. Se os ancestrais mortos têm seus olhos fechados.

Int.: Ele está em paz. Esta é a solução.

25. Se os ancestrais mortos mantêm os olhos abertos e observando o que os outros membros vivos da linhagem estão fazendo.

Int.:

a) Esta pessoa morta não foi honrada.

b) A pessoa morta quer o reconhecimento da pessoa viva de que a morte dela/dele cause benefício para os membros vivos.

c) A pessoa morta busca incessantemente a energia vital de um outro membro da família. Isto pode ter sido causado por uma morte muito repentina.

Sol.:

a) O membro vivo se curva em frente ao membro morto.

b) Alguém que sente uma forte conexão com o morto deve falar sobre essa Afirmação respeitosamente;

Pede-se para a pessoa morta para virar a cabeça para os seus ancestrais mortos, para encontrar a paz da alma. A pessoa conectada com o morto se afasta, volta-se para os membros vivos e olha para o futuro, voltando as costas para o morto.

Coração

26. Taquicardia.

Int.: Medo ou excitação assumida de uma outra pessoa do sistema antes que esta pessoa encontre uma pessoa amada, porém evitada.

Sol.: Traga para o centro esse encontro dos antepassados para que a palpitação vá para a pessoa certa.

Pele

27. Sensação de frio na pele

Int.: Medo de morrer ou morte de alguém da família, mesmo que isso tenha sido há muito tempo; ou medo de um acontecimento terrível, o qual é acobertado pelos outros. Esta sensação pode ter sido assumida de um ancestral do sistema que negou a morte ou este evento trágico.

Sol.: Procurar pelo acontecimento original temido e confrontá-lo com a pessoa que o negou. O portador do medo pode devolvê-lo ao predecessor.

28. Enrubescimento repentino.

Int.: Sentimento de vergonha ou sensação erótica, os quais são reprimidos.

Sol.: Encorajar a pessoa a estar em contato com a pessoa com a qual este sentimento está ligado e contatar livremente a sensação natural e humana. Enrubescer ou sentir vergonha também podem representar a sensação de um outro membro do sistema.

Pernas

29. Fraqueza ou fragilidade das pernas.

Int.: Sentir-se puxado em direção à morte de outro membro da família, que morreu anteriormente, por exemplo: uma criança abortada.

Sol.: Deixe a pessoa seguir este impulso (deitando-se também no chão, ao lado desse membro da família), a menos que isto mostre o quão inapropriado (inadequada) é a expressão desse falso amor/lealdade e que tomar (receber) a vida é um presente para o membro morto.

30. Passando de uma perna a outra nervosamente.

Int.: Alguém que quer fugir de algum fato/evento inconveniente, mas que não tem permissão da voz interna para falar.

Sol.: Encontre qual pessoa na linhagem deveria ter mudado, ou se afastado e que se recusou a fazê-lo, assim a representante sofre deste estranho movimento hoje.

31. Dor nos joelhos.

Int.: Medo de cair e em vez disso permanece arrogante. Medo de se entregar ao amor, à vida ou ao destino.

Sol.: Achar a pessoa a quem esta resistência está relacionada e abrir a possibilidade de se entregar perante essa pessoa. Dê tempo para esse processo. Esta é uma das mais dolorosas transformações.

Ombros

32. Peso nos braços e ombros.

Int.: O peso da culpa ou responsabilidade é sentida e não apreciada ao mesmo tempo; talvez um outro membro do sistema que é realmente culpado, mas nega isso.

Sol.: Encontre o portador da culpa original e dê o peso de volta com respeito e modéstia.

Mãos

33. Mãos Frias.

Int.: Inibição em tocar alguém por medo (pensamentos projetivos).

Sol.: Encoraje a aproximação e gentilmente toque a pessoa desejada.

34. Mãos empunhadas.

Int.: Raiva/cólera em relação a alguém; pode também ter sido assumida de uma outra pessoa.

Sol.: Primeiro deixe-o expressar sua censura (ou acusação), depois o conduza para os sentimentos mais profundos em relação à pessoa em questão.

Cabeça

35. Dor de cabeça no lobo frontal.

Int.: Sentimentos de amor e de desejos reprimidos em relação a alguém.

Sol.: Descobrir para quem está dirigido, deixe a pessoa aproximar-se e que ela deite a cabeça no colo daquela pessoa ou incline a fronte no peito dele/dela.

Músculos/Corpo Inteiro

36. Enrijecimento do corpo inteiro.

Int.: Estado de choque, pós-traumático. Causado por uma repentina perda de um membro familiar querido. Pode também ter sido assumido de outra pessoa do sistema como uma reação representativa a fim de proteger/socorrer a pessoa original.

Sol.: Confrontar com o sofredor original e entregar o trauma para ela/ele com amor e respeito por seu sofrimento.

37. Tremores Involuntários e puxões ou convulsões no corpo.

Int.: São sensações de uma pessoa do sistema que foi torturada ou assassinada e que ainda não está em paz (honrado); talvez assumida de uma vítima esquecida no sistema, inclusive se isto ocorreu há muitos anos.

Sol.: Encontre a tragédia original com ambos, o perpetrador e a vítima original; eles devem deitar-se no chão. Deixe todos os membros da linhagem honrarem a ambos.

Costas

38. Dor nas costas.

Int.: a) Resistência a reverenciar alguém (principalmente pais) ou para alguma coisa que seja maior que o ego, para tornar-se humilde.

Carregar peso/culpa/responsabilidade que não pertence a você que tomou de alguém sem permissão.

Sol.: a) Processo de curvar-se lenta e profundamente em frente ao familiar rejeitado; no final fronte encostada no chão.

Devolver a carga e responsabilidade para o dono com respeito e amor, honrando-o.

Pélvis/parte inferior do corpo

39. Sentimentos de calor, ardor no abdômen.

Int.:

a) Tendo observado intimidade sexual na família secretamente ou por acidente e assumindo estes sentimentos de outros, na sua maior parte reprimidos por vergonha/atração.

b) Desejo sexual ardente em relação a alguém no sistema.

Sol.:

a) Devolva essas sensações para a pessoa observada, com decência e respeito.

Admita estes sentimentos em relação à pessoa. Eles se referem a um presente de amor e desejo de unidade/união.

Sem Sensações Físicas

40. Estado de catatonia.

Int.: A dor de um incidente é tão grande para a alma, que a pessoa congela parcialmente para sobreviver. Muito frequentemente, um fenômeno que tomou conta.

Sol.: Muito delicadamente investigue a real pessoa traumatizada para pô-la em contato com estes eventos muito tristes e deixe o representante (aquele que foi surpreendido) aproximar-se da pessoa que está sofrendo com amor, respeito e humildade. Devolva a responsabilidade (carga) para a pessoa como um sinal de honrar o seu destino e declarar que você vai fazer algo de bom em memória dele/dela. Talvez, você traga um representante para a Grande Alma ou um ente Divino (anjos).

Sintomas Emocionais

41. Náusea

Int.: Expressão de ter engolido maus sentimentos e palavras, por exemplo: raiva.

Sol. Encontre a pessoa para quem estas palavras negativas se referem e fale tudo sobre isso.

42. Vertigem

Int.: A confrontação com uma verdade encontra um antigo sistema de crenças, ilusões ou mentiras.

Sol.: Mantenha os olhos abertos e espere até que essa mudança termine.

43. Sentimentos Paralisados.

Int.: Pode ser a expressão de uma mensagem familiar secreta para não se mover e deixar seu lugar, apesar da vontade de crescer e mudar.

Sol.: Iniciar o movimento progressivo em nome da lealdade. Ou voltar-se para o passado do sistema onde este comando começou e dissolver isto lá. Porque esta proibição muito frequentemente tem uma longa história familiar.

44. Falta de Emoções.

Int.: Muitos membros evitando olhar para uma triste experiência familiar.

Frequentemente, uma criança está identificada com uma pessoa anterior (mais velha) que deveria ter tido emoções muitos fortes (como pesar), mas as bloqueou porque eram muito fortes.

Sol.: Gentilmente traga as pessoas para perto da situação evitada e dê espaço para a expressão de seus sentimentos. A pessoa identificada pode devolver a estagnação ou bloqueio dos sentimentos para a pessoa primária (ancestral).

45. Silêncio estranho e pesado durante a constelação.

Int.: a) Sinaliza que algo muito trágico aconteceu na família através de gerações anteriores (muito comum em famílias judias);

Mostra que há um segredo terrível na linhagem, o qual é absolutamente protegido.

Sol.: a) Só constele a situação terrível, deixe as pessoas mortas deitadas lado a lado e deixe que os descendentes vivos os honrem. Permita todos os sentimentos.

Ajude o cliente a ver um humano, uma tarefa de vida esperando por ele.

Deixe a pessoa representar o segredo e escolher um lugar dentro do sistema.

46. Risos irracionais, descontrolados.

Int.: Primeiro sinal de um severo emaranhamento ou um destino pesado na família, que foi suprimido e compensado com risos.

Sol.: Traga uma pessoa morta e deixe-a deitada no meio da família.

47. Choro duradouro sem razão real e evidente.

Int.: Assim como os outros sentimentos já demonstrados, este sentimento pertence a outra pessoa do sistema, que tenha tido uma razão real para chorar, mas não pôde ou não quis.

Sol.: Traga a situação original com a pessoa primária e confronte a falsa pessoa que chora, assim ele/ela pode deixar sair esta emoção e tornar-se humilde.

48. Contínuo ataque de cólera/raiva.

Int.: Como choro constante ou forte tristeza mencionada acima. Frequentemente, como a pessoa tem esta consciência da divisão onde uma parte sente raiva e outra parte que sabe: isto não é meu.

Sol.: Como acima. Tal tipo crônico de cólera/raiva é o outro lado da medalha que mostra: rendição a uma força maior (destino) com amor e perdão. Reconhecimento do próprio limite é parte do *insight*.

49. Ataque de pânico e medo crônico.

Int.: Tomado de uma pessoa que realmente experimentou o pânico e um medo muito forte e que sobreviveu. A maioria das pessoas, quando criança, presenciou os pais em grande perigo.

Sol.: Confronte a pessoa sobrevivente e sinta que ele ou ela ainda está vivo e toque sua pele, mãos, rosto, lábios e então seja agradecido sobre este fato, assim você fica livre para viver sem esse tipo de medo.

50. Desprezo, Orgulho errado.

Int.: Muito frequentemente parte da dinâmica vítima/algoz. Expressão de medo, esta submissão terminaria em humilhação e punição ou desprezo por alguém.

Outro membro do sistema foi desprezado quando estava fraco e inferior. Outro resistiu à pessoa destrutiva ou criminosa de uma maneira corajosa, abnegada, sem ter sido honrada pela família.

Sol.: Constelar a situação original e deixar a pessoa curvar-se em frente à vítima menosprezada.

Você pode constelar a relação íntima entre o perpetrador e a vítima, assim o seu desejo de vingança se dissolve.

Todo sistema reverencia este membro desprezado. (Para este processo recomendamos o livro "Der Abschied", de Bert Hellinger).

51. Melancolia

Int.: É o resultado de uma despedida não completada para alguém, talvez porque a dor fosse muito grande. Muito frequentemente, um sentimento tomado de alguém que não pôde expressar a dor de dizer adeus a uma pessoa amada.

Sol.: Encontre a situação da separação original e deixe o processo de despedida acontecer com toda a clareza e verdadeiros sentimentos (choro, querer abraçar a pessoa morta, etc.).

A pessoa melancólica assiste a esta cena e honra a pessoa que verdadeiramente chora. Este é o processo curador.

52. Malevolência, rancor

Int.: É a voz da criança interna dirigida aos pais.

Sol.: Dê espaço e tempo para estes sentimentos e o reconhecimento amigável pelos pais; então se aproximam e abraçam a criança com amor.

Sintomas mentais

53. O representante não houve quando a constelação começa.

Int.: Esta pessoa pode não estar pronta para o trabalho ou não tem relação com o sistema.

Sol.: Troque o membro do grupo ou pare o trabalho e retome mais tarde.

54. O representante fica confuso durante o processo de trabalho.

Int.: O representante ainda não está pronto para este tipo de terapia, porque ele/ela está muito ocupado com seus próprios problemas pessoais.

Sol.: Veja acima.

55. A pessoa constelada está permanentemente nervosa e irrequieta.

Int.: Pode indicar um grande medo, como na esquizofrenia. É uma estratégia de escape do foco da constelação; porque será revelado algo terrível (um crime).

Sol.: Vá para a verdadeira situação original terrível. Quanto antes a verdade estiver clara, mais a pessoa se tornará calma e com clareza.

56. A pessoa constelada olha constantemente para o terapeuta.

Int.: Esta pessoa ainda não está pronta para ser representante.

Sol.: Escolha uma pessoa mais experiente.

57. O representante sente a presença de uma entidade ou pessoa invisível no sistema.

Int.: Leve esta mensagem a sério.

a) Esta pode ser uma pessoa pertencente ao sistema, mas é rejeitada pelos outros, porque ele/ela está ligado a um acontecimento escuro e destrutivo na linhagem.

Pode ser também uma entidade espiritual que traga verdade, paz e compaixão para o sistema.

Sol.: a) Traga a pessoa para o lugar onde é assumida para ser e ver o que acontece.

Cheque se você traz um alguém como esta entidade espiritual ou se você deixa a situação com silêncio e respeito.

58. Diagnóstico de esquizofrenia

Int.: A maior parte das crianças sabe que algo terrível (geralmente, um assassinato) tenha acontecido no sistema, mesmo que a duas ou três gerações passadas. Mas à criança mentalmente perturbada não é permitido ter consciência deste conhecimento. Este conflito inconsciente encontra uma saída ou alívio pelos sintomas esquizofrênicos.

Sol.: Encontre a situação original do crime, isto é, a pessoa assassinada e o assassino e os constele. Trazer luz para o segredo não é necessário surtar, e o cliente o sentirá imediatamente. Ele/ela precisa suportar o *insight*. Pode ser necessária mais de uma sessão.

Exercício 40 – Como Perceber uma Solução?

1) Todos os participantes de sistema sentem-se bem posicionados mesmo que com o peso de uma culpa:

- Quando uma solução é percebida, todos os membros do sistema familiar sentem-se confortáveis com suas posições, mesmo que estejam lidando com questões difíceis ou sentimentos de culpa. Existe uma sensação de aceitação e paz interior.

2) Todos se sentem em equilíbrio:

- Há uma sensação de estabilidade e harmonia entre os membros do sistema. As relações estão alinhadas e há uma sensação de paz emocional e mental.

3) Você vê e reconhece todos no sistema com clareza:

- Existe uma clareza de percepção sobre os relacionamentos e dinâmicas familiares. Todos os membros do sistema são vistos e reconhecidos em sua totalidade, sem julgamentos ou distorções.

4) Você se sente aterrado e leve ao mesmo tempo:

- Há uma sensação de estar enraizado no presente, com uma profunda sensação de paz interior e leveza. Apesar das emoções intensas, há uma sensação de tranquilidade e liberdade.

5) Você não tem mais pressão no coração, cabeça e na barriga:

- As tensões emocionais e físicas foram dissipadas. Não há mais sensação de aperto no coração, tensão na cabeça ou desconforto abdominal. Existe uma sensação de alívio e liberação.

6) Você quer abraçar os membros de sua família espontaneamente com seus braços ou pensamentos amorosos:

- Há um desejo genuíno de conexão e amor com os membros da família, tanto fisicamente quanto emocionalmente. Existe uma vontade de expressar afeto e cuidados de forma espontânea e amorosa.

7) Você olha para o futuro com esperança:

- Existe uma visão positiva e otimista em relação ao futuro. Há confiança de que as questões familiares foram resolvidas e que há um caminho claro para seguir adiante.

8) Você se sente apoiado atrás pelos seus pais/sua linhagem/o destino:

- Existe uma sensação de apoio e orientação vinda dos ancestrais e do destino. Há uma conexão profunda com as raízes familiares e uma confiança de que você está seguindo o caminho certo.

9) Você quer curvar-se em frente às vítimas e perpetradores com respeito então eles podem ter seus próprios destinos. Todos os pensamentos de vingança se desfazem:

- Existe um profundo senso de compaixão e perdão em relação tanto às vítimas quanto aos perpetradores. Há uma disposição para permitir que cada um siga seu próprio caminho e encontre sua própria redenção, deixando para trás qualquer desejo de vingança.

10) Você quer doar aos outros um trabalho útil à vida e criativo, porque você tomou a vida através de seus pais:

- Há um desejo de contribuir positivamente para a vida dos outros, reconhecendo a dádiva da própria vida e o papel dos pais na sua existência. Existe uma vontade de criar um legado significativo e inspirador.

11) Você acredita na vida sem dúvidas:

- Existe uma fé inabalável na vida e em seu propósito, sem dúvidas ou incertezas sobre o caminho a seguir. Há uma confiança profunda no fluxo da vida e em suas possibilidades.

12) Você sente alegria transcendental:

- Uma alegria profunda e transcendente preenche o seu ser, ultrapassando as preocupações e dificuldades do momento presente. É uma sensação de contentamento e plenitude que vai além das circunstâncias externas.

13) Você chora de alegria e satisfação:

- As lágrimas que surgem são de felicidade e satisfação, resultado da liberação de emoções reprimidas e da realização de um profundo alívio interior.

14) Você se torna audacioso e sereno de uma forma que não prejudica os outros:

- Há uma coragem e serenidade interior que se manifesta, permitindo que você siga com confiança e determinação, sem prejudicar os outros no processo.

15) Você é grato com os seus pais, que lhe deram a vida:

- Existe um profundo senso de gratidão e apreciação pelos pais e pela dádiva da vida que receberam. Reconhece a importância dos pais na própria jornada e se sente grato por sua contribuição.

16) Você tem um coração gentil:

- O coração está aberto e compassivo, irradiando amor e compaixão para com todos os seres. Existe uma bondade inata que se manifesta em cada interação e em cada gesto.

17) Você respeita todos os professores e quer passar para outros o que você aprendeu com eles:

- Há um profundo respeito por todos aqueles que contribuíram para o próprio crescimento e aprendizado. Existe um desejo genuíno de compartilhar o conhecimento e a sabedoria adquiridos para beneficiar os outros.

18) Você é generoso consigo e com os outros, perdoando os erros:

- Existe uma generosidade de espírito que se manifesta através do perdão e da compaixão, tanto para consigo mesmo quanto para com os outros. É um reconhecimento da humanidade compartilhada e da imperfeição inerente a todos os seres.

19) Você tem consciência de uma força invisível, divina e eterna que é a fonte de tudo:

- Existe uma consciência profunda da presença de uma força superior e divina que permeia todas as coisas e é a fonte de toda a vida e criação. É uma conexão espiritual que transcende o ego e proporciona uma sensação de paz interior.

20) Você sente com compaixão o verdadeiro Eu e também no sentido da pequenez da má pessoa:

- Há uma compreensão profunda da natureza humana, tanto a luz quanto a sombra. Existe compaixão pelos sofrimentos e lutas dos outros, ao mesmo tempo que se reconhece a própria imperfeição e a humildade diante do universo.

21) Você está uno com a tranquilidade inteligente do espaço ilimitado:

- Existe uma sensação de unidade e conexão com o universo, uma consciência de que você é parte de algo maior e mais vasto. É uma experiência de paz e serenidade que transcende as preocupações terrenas.

22) Você se torna humilde para com a força do destino enquanto vê as limitações do seu Ego:

- Existe uma humildade profunda diante do poder do destino e das forças que moldam a vida. Ao reconhecer as próprias limitações e o papel do ego, há uma rendição à vontade maior que governa o universo.

23) Você reconhece a morte como parte da sua vida:

- Existe uma aceitação serena da natureza transitória da vida e da inevitabilidade da morte. É uma compreensão que traz uma sensação de paz e aceitação diante do ciclo natural da existência.

24) Você sente o perpetrador e a vítima unidos em seu coração e a profunda paz que vem com isso:

- Existe uma compreensão profunda da interconexão entre perpetrador e vítima, e uma aceitação da dualidade inerente à condição humana. É uma experiência de paz que surge da reconciliação dos opostos e da transcendência das divisões.

25) Você experimenta uma paz interior que conduz a ações pacíficas:

- Existe uma paz interior profunda que inspira ações baseadas na compaixão e na busca pela harmonia. É uma sensação de serenidade que guia as escolhas e decisões, levando a uma vida de paz e tranquilidade.

26) Você desenvolve o senso de humor:

- O humor surge naturalmente, trazendo leveza e alegria às situações da vida. É uma expressão da sabedoria interior e da capacidade de encontrar graça mesmo nas circunstâncias mais desafiadoras.

Exercício 41 – Imagem de solução

- A imagem da solução acontece quando, depois de tudo o que ainda precisou ser dito e executado (por exemplo, uma reverência), a pessoa interessada se sente bem com os novos lugares dos bonecos.

- Muitas vezes, uma respiração profunda e um visível alívio são observados. A fisionomia está clara e aberta e, às vezes, realmente irradiante.

- A imagem da solução, quando é vivenciada como verdadeira e liberadora, tem para a pessoa envolvida uma grande força, que estrutura sua vida. Se, numa situação de estresse, o efeito de uma constelação corre o risco de perder-se, a lembrança ativa ou inconsciente da imagem da constelação conduz a alma, como um guia, através das dificuldades.

- O terapeuta pode chamar a atenção para esse ponto quando ansioso o cliente pergunta se a solução vai manter-se. Pergunta: "o que faço agora com essa imagem da solução?" Isto revela que a constelação (ainda) não moveu coisa alguma na alma, seja porque essa imagem não pode ser assumida, seja porque não tocou em profundidade a alma do grupo familiar.

- Quando uma constelação toca a alma ela também faz efeito, justamente porque a pessoa se entrega ao que vivencia, sem uma preocupação dispersiva sobre seu efeito no futuro. O terapeuta percebe com clareza se a constelação tem um efeito visível na pessoa envolvida, e em certas circunstâncias a interroga a respeito.

- Existem também imagens de solução que, apesar de serem certas, ainda ficam como que pairando no espaço. Por benéfica que seja para toda uma boa imagem de solução, nem sempre é aconselhável que uma constelação seja bem resolvida.

- Justamente nos casos em que existe dificuldade de assumir a dinâmica que se manifesta, a força da constelação aumenta se o terapeuta a interrompe no auge dos acontecimentos e a deixa ficar sem solução. Muitas vezes, isto estimula mais as forças saudáveis na alma do que uma imagem da solução.

- Porém este recurso só é aconselhável quando o terapeuta tem clareza e está em sintonia com o que acontece na constelação. Uma imagem de solução, assim como a própria constelação, não precisa ser completa. Portanto, não precisam estar presentes todas as pessoas que pertencem ao sistema.

- Entretanto, quando a pessoa que coloca já foi incluída na imagem da solução, é possível que ela diga: "Estou sentindo falta de meu irmão". Nesse caso, pode-se colocar ainda o irmão. O terapeuta também pode completar a imagem introduzindo pessoas que, embora não sejam imediatamente importantes para a dinâmica, pertencem à imagem da solução e a tornam mais redonda e poderosa.

- Acontece, repetidas vezes, que a imagem da solução colocada pelo terapeuta não é aceita pela pessoa interessada. Neste caso, frequentemente falta ainda alguma informação, alguma pessoa ou algum acontecimento importante, que até aquele momento não foi considerado no processo da solução.

- Se aparecem indícios nesse sentido, é preciso completar o trabalho. Se, porém, a energia da constelação já se dissipou, geralmente é preciso interromper. São situações que muitas vezes pesam em todos os envolvidos. O terapeuta precisa suportar isso e permanecer interiormente conectado com a solução, mesmo que ela não tenha se manifestado.

- Pode acontecer, ainda, que o cliente sugira uma imagem que é bem recebida, mas que, de uma forma ou de outra, contraria as ordens do amor. Nesse caso, a terapeuta não deve deixar-se seduzir pela pessoa envolvida.

- Por exemplo, numa constelação o cliente se sentiu bem quando a primeira mulher do pai e a filha comum de ambos foram voltadas para fora e se afastaram alguns passos. Porém o terapeuta não confiou nisso.

- Levou o pai outra vez à presença de sua primeira mulher e fez com que ele lhe dissesse algo que a tocou muito. Então o terapeuta pôde trazer a mulher para perto da segunda família do pai e sua presença e proximidade foi aceita pelo cliente.

- Com isso eu gostaria de apontar algo importante. Uma imagem de solução, como também todo o processo da constelação, recebe geralmente sua adequação, antes de tudo, daquilo que precisa ser dito, portanto das palavras reveladoras e das frases liberadoras.

- A imagem proporciona clareza, as frases proporcionam direção e força. Sem as palavras que precisam ser ditas, uma imagem pode bem aliviar e ser bonita, mas talvez permaneça superficial.

- O que atua na alma realmente atua através de imagens, mas não consiste em imagens. O essencial é antes invisível. A ressonância com a alma pode de fato instalar-se por meio da imagem, mas frequentemente só vibra com as palavras que atingem e liberam.

- É sempre surpreendente verificar como imagens de constelação muito semelhantes abrem na alma processos totalmente distintos, e como processos de solução totalmente distintos conduzem a imagens de solução semelhantes.

Exercício 42 – Frases Sistêmicas de Solução

O terapeuta pode indicar as frases da solução ou deixar que sejam encontradas pelo cliente. O essencial é que elas resultem do processo da constelação e sejam adequadas. Elas surgem da compreensão dos processos profundos da alma numa família. Com frequência elas ocorrem simplesmente ao terapeuta e quando a alma do grupo está preparada para uma solução. Elas dão expressão ao vínculo e à solução, tocam e comovem a alma. Nas constelações utilizamos duas espécies de frases de solução:

As que descobrem um vínculo de destino; As que desatam um vínculo de destino.

As frases descobridoras têm um efeito liberador, porque nelas vem à luz numa vivência de espanto, muitas vezes muito tocante, o vínculo de destino que até agora determinou a vida, e porque elas exprimem a concordância com o amor que causou a vinculação ao destino.

Tais frases são, por exemplo: "Mamãe, por você vou encontrar sua irmã na morte, e então você pode ficar com papai", ou: "Querido vovô, você perdeu tudo; eu também não conservo nada, então fico perto de você".

As frases que liberam proporcionam ao amor a conversão para o domínio aberto da vida. Elas honram o destino das pessoas conectadas, contemplam seu amor e deixam o destino com aqueles que o devem carregar e geralmente já o carregaram.

Assim, uma filha poderia dizer à noiva abandonada por seu pai: "Vejo sua dor, mas não posso tirá-la de você; tenho que deixar sua dor e sua raiva com você e com papai". "Seja bondosa comigo, se eu deixo você, fico com minha mãe e conservo meu namorado."

As frases liberadoras só funcionam em confronto com a pessoa a quem alguém está vinculado. Esse olhar de pessoa a pessoa precisa de um certo tempo, até que a relação e a ligação sejam percebidas. A solução acontece cara a cara.

Portanto, as frases da solução não devem ser ditas cedo demais. E é preciso ficar atento para que as pessoas envolvidas realmente entrem em ligação recíproca. Só então as frases se comunicam, como que espontaneamente, e podem desenvolver todo o seu efeito.

Nesse processo, o terapeuta fica atento a que a pessoa envolvida, enquanto diz as frases liberadoras, mantenha o contato do olhar com a pessoa com a qual está envolvida pelo destino, pois com frequência ela procura desviar o olhar e com isso conservar os sentimentos que mantêm o enredamento.

O terapeuta faz então, cuidadosamente, com que ela recupere o contato do olhar, de forma que os sentimentos que liberam encontrem sua expressão. Da mesma forma, o terapeuta fica atento, na repetição das frases da solução, à adequação da voz e à sua força liberadora, de modo que também a pessoa a quem se dirige e todo o grupo se convençam do passo liberador. Nem sempre as frases de solução ocorrem ao terapeuta e mesmo à pessoa envolvida.

O terapeuta talvez se sinta então um pouco desorientado. Nesse caso, é bom que ele mantenha a situação num curto silêncio. Ele também pode recorrer às frases padronizadas que lhe são conhecidas, de Bert Hellinger ou de outros terapeutas. Elas conservam uma grande função orientadora, mesmo que sejam frequentemente repetidas.

É essencial que a pessoa envolvida possa pegar as frases e vivenciá-las de maneira adequada e liberadora. Às vezes o terapeuta precisará igualmente experimentar frases, até encontrar aquelas que trazem solução. Isto também não traz problema, na medida em que a busca das frases permanecer no contexto da alma e em contato com ela.

O terapeuta deve verificar com cuidado se a pessoa simplesmente repete as frases ou se estas são também acertadas para ela e a tocam. Se não alcançam o que é adequado, é preciso procurar outras frases. Se o terapeuta sente que as frases são acertadas, mas não tocam, ele precisará talvez lançar mão de mais alguma coisa na dinâmica do sistema.

Por exemplo, ele induz a um diálogo entre a mãe e o pai e, depois, coloca a pessoa envolvida outra vez em relação e faz com que ela repita, na nova base, as frases da solução. Quando uma confrontação não liberta do emaranhamento, frequentemente há outras pessoas no sistema que precisam primeiro liberar algo entre si. Portanto, durante as frases de solução não se deve olhar apenas a pessoa envolvida, mas manter presente todo o sistema.

As frases liberadoras tocam o cerne do trabalho com constelações

Elas fazem vibrar as imagens da alma. Tais frases não se vinculam necessariamente às imagens da constelação, se bem que uma linguagem tocante tem sempre a capacidade de ver.

Experimentamos isto quando, independentemente de constelações, e até mesmo numa conversa ao telefone, a alma toca através das palavras. E fica claro, no mais tardar até que as soluções da alma advenham pela mediação das palavras, que a psicoterapia está longe de ser uma técnica de transmissão de informações, e que o elemento fundamental da Psicologia consiste no dizer, como forma de mostrar e fazer comparecer o presente e o ausente, a realidade em seu sentido mais amplo.

Na psicoterapia, através de uma linguagem que preserva e guarda o que pertence à alma, o mundo é dito de novo em sua qualidade anímica e o ainda-não-visto é trazido à luz.

A Reverência

- Pelo dicionário, Reverência significa: "O respeito às coisas sagradas; consideração; saudação em que se inclina o busto e dobram os joelhos, mesura".

- E o ato de Reverenciar significa: "Tratar ou considerar com sentimento de reverência, devotar reverência a; Cumprimentar respeitosamente;

- Obedecer a, acatar (algo ou alguém considerado superior).

Logo, concluímos que fazer uma reverência quer dizer que temos respeito e consideração por alguém que seja maior que nós, ou quando queremos honrar alguém em posição superior à nossa. Existem formas diferentes de se fazer uma reverência.

Podemos fazer uma reverência com um leve cumprimento com a cabeça, podemos abaixar o tronco, podemos nos ajoelhar ou até encostar a cabeça no chão perante alguém ao qual devotamos o nosso respeito.

Os súditos faziam longas reverências aos seus reis e rainhas, príncipes e princesas, por estar em posição inferior à monarquia. Ou para demonstrar humildade e lealdade aos seus soberanos.

Os fiéis faziam profundas reverências aos sacerdotes pelo respeito a tudo o que é sagrado e/ou por serem tementes a Deus. Nos países orientais, por exemplo, no Japão, ainda se reverencia alguém para demonstrar respeito e igualdade. Alguns índios (ou povos ditos primitivos) cantam e dançam em consideração a seus ancestrais.

O ato de reverenciar alguém é uma forma de dizermos: "Você é maior do que eu" ou "Você chegou primeiro do que eu", ou mesmo "eu te respeito, te considero e honro o teu nome ou tua memória".

Por isso, reverenciar os nossos ancestrais é um ato no qual nos tornamos pequenos diante deles. E realmente somos bem pequenos diante dos nossos pais, avós e bisavós! Afinal, eles nos geraram e cuidaram de nós. Além do mais, eles fizeram o que foi possível fazer, estando ou não estando disponíveis para nós.

Pela nossa 'pequenês', devemos exercitar a reverência para redescobrir a Ordem do Amor. É bom retomar o nosso lugar dentro desta ordem de amor, temos que assumir que somos crianças pequenas perante os nossos pais, avós e bisavós, temos que entender que chegamos bem depois deles. Isso já é o bastante para uma profunda reverência. Alguns filhos reverenciam os pais com uma facilidade honrosa. Outros filhos apresentam certa resistência, mas, por fim, conseguem reverenciar os seus pais.

- Eu não estou mais à disposição

Quebra-se um vínculo de codependência, onde ambos sofrem recupera sua força, sua autoestima, e se coloca como alguém autônomo, independente: "seu amor me honra, mas agora basta, eu aceito o meu destino, e está certo assim", "eu sinto muito, filha, eu não me dei conta disso"; "agora eu vejo, filha, e eu sinto muito".

Um processo de perdão

Achei pertinente trazer a este livro mais uma técnica integrativa. Uma técnica que a meu ver se encaixa perfeitamente no momento da solução final de um emaranhamento. O Ho'oponopono é um processo de perdão, arrependimento e transmutação. Cada vez que utilizamos qualquer de suas ferramentas, estamos assumindo 100% da responsabilidade sobre nós mesmos e pedindo perdão (a nós mesmos). Aprendemos que tudo o que acontece em nossas vidas é projeção de nossa programação mental.

Podemos escolher nos posicionar como um observador, observar nossos pensamentos, nossa programação e então liberá-la para que se vá. Ou então podemos reagir e nos prender a ela. Todos nós temos um rascunho incorporado e a tecla de deletar, mas nos esquecemos como usá-la.

O Ho'oponopono nos ajuda a recordar o poder que temos de escolher entre apagar (soltar) ou reagir, ser feliz ou sofrer. Independentemente da frase de solução que o constelador for utilizar, a frase de encerramento para cada emaranhamento desfeito se sugere que seja: Sinto muito. Me perdoe. Te amo. Sou grato.

Observação:

No decorrer do tempo e prática um constelador conseguirá observar o campo, associando e unindo todos os dados; queixa do cliente, o tema conflito escolhido, o significado da relação espacial dos bonecos e a mensuração pela radiestesia. Tudo isso interpretado a cada constelação terá uma lógica incrível na qual de antemão a percepção e interpretação de um constelador não só facilitará para a solução como reduzirá o tempo de tentativa de acerto e erro normalmente esperado na Constelação Familiar comum.

Exercício 43 – Passo a Passo para Conduzir a Constelação com Bonecos

1. Preparação do Ambiente

Escolha um ambiente calmo e propício para a prática da constelação. Organize uma mesa ou superfície plana onde os bonecos possam ser dispostos livremente. O ambiente deve ser seguro e acolhedor, permitindo que o constelado se sinta à vontade para explorar suas questões familiares.

Itens necessários:

- Conjunto de bonecos de madeira, plástico, biscuit ou EVA.
- Uma superfície plana para a disposição dos bonecos.
- Um facilitador que conduza o processo com sensibilidade e presença.

2. Escolha do Tema da Constelação

O constelado é convidado a escolher um tema ou questão que deseja explorar na constelação. Pode ser uma questão relacionada a relacionamentos, saúde, finanças, padrões familiares repetitivos ou qualquer outro tema relevante.

Perguntas para ajudar na escolha do tema:

- "Qual questão familiar você sente que está impactando sua vida atualmente?"
- "Há algo que se repete em sua vida que você gostaria de entender melhor?"
- "Como você se sente em relação aos seus pais, avós ou outros membros da família?"

Exemplo de tema:

Explorar um padrão repetitivo de conflitos em relacionamentos amorosos.

3. Seleção dos Bonecos

Após definir o tema, o constelado deve escolher bonecos que representem os membros da família ou os elementos envolvidos na questão. Cada boneco deve simbolizar uma pessoa ou aspecto importante do sistema familiar, como pai, mãe, avós, ou até mesmo emoções como "medo", "amor", ou "fracasso".

Bonecos sugeridos para representar:

- O constelado (você);
- Membros importantes da família (pai, mãe, irmãos, avós);
- O tema ou questão (por exemplo, amor, prosperidade, saúde);
- Emoções ou aspectos invisíveis do sistema (medo, culpa, rejeição).

4. Posicionamento dos Bonecos

O constelado é orientado a posicionar os bonecos na superfície de acordo com sua intuição, baseando-se no que sente em relação à dinâmica familiar ou ao tema em questão. A disposição dos bonecos no espaço revela a estrutura do sistema familiar e as relações emocionais entre os membros.

Instruções ao constelado:

"Coloque os bonecos de acordo com o que você sente em relação aos membros da sua família ou ao tema que deseja explorar."

"Observe a proximidade ou a distância entre os bonecos. Como isso reflete a dinâmica atual entre vocês?"

5. Observação e Reflexão

Após o posicionamento inicial, o facilitador e o constelado observam a disposição dos bonecos e refletem sobre o que ela revela. A proximidade, distância ou posição dos bonecos podem mostrar emaranhamentos, exclusões, lealdades invisíveis ou padrões repetitivos.

Perguntas para reflexão:

"Como você se sente ao olhar para a disposição dos bonecos?"

"Há algum boneco que parece estar isolado ou distante dos outros?"

"Há algo que você gostaria de mudar ou mover para trazer mais harmonia ao campo?"

6. Movimentos de Cura

Com base nas observações, o constelado pode começar a fazer movimentos no campo, reposicionando os bonecos para restaurar a ordem, incluir membros excluídos ou romper com padrões negativos. Esses movimentos ajudam a criar uma nova dinâmica familiar mais harmoniosa.

Exemplos de Movimentos de Cura:

Aproximar um boneco que representa um membro da família do qual o constelado se sente distante.

Reposicionar um boneco que simboliza um padrão repetitivo (como o medo ou o fracasso), afastando-o do constelado.

Incluir um boneco representando um antepassado ou membro da família que foi excluído do sistema.

7. Frases de Cura

Durante os movimentos, o facilitador pode sugerir frases de cura para ajudar o constelado a liberar dinâmicas negativas e restaurar o equilíbrio. Essas frases trazem alívio ao constelado e ao sistema familiar.

Sugestões de Frases de Cura:

"Eu vejo você e reconheço seu lugar no sistema familiar."

"Eu libero você do seu destino. Eu escolho seguir meu próprio caminho."

"Eu honro a sua dor e sigo em frente com amor e gratidão."

8. Integração e Harmonização

Após os movimentos e as frases de cura, o constelado observa novamente o campo. Como os bonecos se posicionam agora? A nova disposição deve trazer uma sensação de harmonia e equilíbrio ao constelado. Ele pode sentir alívio emocional e uma nova compreensão sobre suas relações familiares.

Perguntas para reflexão final:

- "Como você se sente agora em relação ao tema que constelou?"
- "Há uma sensação de maior leveza ou clareza?"
- "Os bonecos estão mais próximos ou harmonizados entre si?"

9. Encerramento

O exercício é encerrado com um momento de gratidão. O constelado agradece aos representantes e ao campo por permitir que essas dinâmicas familiares fossem trazidas à luz. O facilitador encerra a constelação com uma frase de encerramento, como:

Frase de Encerramento:

"Eu agradeço a todos os membros do sistema familiar e sigo em frente com leveza e amor, honrando o caminho de cada um."

10. Reflexão Pessoal

Após a constelação, o constelado pode refletir sobre as mudanças internas e *insights* obtidos durante o processo. Um diário de constelação pode ser útil para registrar as percepções e os movimentos internos que ocorreram.

Conclusão

A Constelação Familiar com bonecos oferece uma forma poderosa de visualizar e interagir com as dinâmicas ocultas do sistema familiar. Ao utilizar bonecos simples, o constelado pode projetar suas emoções e interagir simbolicamente com membros da família, padrões e temas importantes. Essa técnica permite que questões profundas sejam trazidas à superfície, facilitando a cura, a integração e o crescimento emocional.

O que é importante sobre este exercício?

_____
_____
_____
_____
_____
_____
_____
_____
_____
_____
_____
_____
_____
_____
_____
_____

5.3 Escultura Familiar de Virgínia Satir

Aqui está a imagem que representa a técnica de escultura familiar no campo sistêmico, utilizando materiais recicláveis.

Exercício 44 –
A minha Escultura Familiar

Introdução

Bem-vindo a uma jornada única de autoconhecimento e cura familiar através da Escultura Familiar com materiais recicláveis. Este capítulo irá levá-lo passo a passo por uma atividade terapêutica profunda, utilizando objetos do cotidiano para representar dinâmicas familiares e explorar possíveis áreas de dor e desafio.

1. Preparando o Espaço:

- Escolha um espaço tranquilo e confortável para realizar a atividade.
- Reúna uma variedade de materiais recicláveis, como tampinhas plásticas, embalagens de shampoo vazias, rolhas, brinquedos pequenos não utilizados e outros itens semelhantes.

- Organize os materiais de forma que todos os participantes tenham acesso fácil a eles.

2. Entendendo a Abordagem:

- Familiarize-se com o conceito de Escultura Familiar e como ela pode ser aplicada para explorar dinâmicas familiares e áreas de dor.
- Reconheça que cada objeto escolhido terá um significado simbólico único, representando membros da família, relações e emoções.

3. Meditação Inicial de Centramento:

- Inicie a atividade com uma breve meditação de centramento, convidando os participantes a respirarem profundamente e se conectarem consigo mesmos.
- Peça-lhes para refletirem sobre as intenções para a sessão e abrir seus corações para o processo de exploração que está por vir.

4. Criando a Escultura Familiar:

- Distribua os materiais recicláveis entre os participantes e convide-os a escolher objetos que representem cada membro da família.
- Encoraje-os a posicionar os objetos no espaço de forma a refletir as dinâmicas familiares, considerando proximidade, orientação e posição dos objetos.
- Observe padrões de agrupamento, isolamento ou outras configurações que possam surgir na escultura.

5. Compartilhando Experiências:

- Após a criação da escultura, convide os participantes a compartilharem suas percepções e emoções.

- Encoraje uma discussão aberta e respeitosa sobre as dinâmicas familiares representadas na escultura, incentivando a expressão honesta de sentimentos e experiências.

6. Meditando para a Cura:

- Conduza uma meditação guiada focada na cura emocional e na transformação das dinâmicas familiares.
- Peça aos participantes que visualizem a luz da cura permeando a escultura e envolvendo cada membro da família em amor e compaixão.

7. Redefinindo Relações (Opcional):

- Se desejado, convide os participantes a reposicionar os objetos na escultura para refletir uma dinâmica familiar mais positiva e saudável.
- Explore visualizações de resolução de conflitos, perdão e reconciliação durante este processo.

8. Encerrando a Jornada:

- Conclua a atividade com uma rodada final de compartilhamento e reflexão.
- Encoraje os participantes a expressarem gratidão pela oportunidade de explorar suas dinâmicas familiares de uma maneira significativa e transformadora.

9. Continuando a Jornada:

- Ofereça recursos adicionais e sugestões para os participantes continuarem sua jornada de autoconhecimento e cura familiar após a atividade.
- Incentive a prática de comunicação aberta e compassiva

dentro da família como um meio de promover relacionamentos saudáveis e sustentáveis.

Com este guia, você está pronto para embarcar em uma jornada de descoberta e cura familiar utilizando materiais recicláveis e técnicas terapêuticas poderosas. Que esta atividade seja uma fonte de *insights* profundos e conexão significativa com aqueles que você ama.

Exercício 45 – Explorando os significados para as posições na Escultura Familiar

1. Próximo vs. Distante

- **Próximo:** Representa laços familiares fortes, intimidade e apoio mútuo entre os membros da família. Indica harmonia e proximidade emocional.

- **Distante:** Pode indicar distância emocional, desconexão ou barreiras na comunicação entre os membros da família. Revela possíveis áreas de desafio na relação.

2. Orientação

- **De Frente:** Sugere abertura, comunicação direta e resolução de conflitos. Indica uma relação na qual os membros estão dispostos a enfrentar desafios juntos.

- **De Costas:** Pode simbolizar ignorância, evitação de problemas ou falta de comunicação. Revela áreas onde há conflitos não resolvidos ou falta de entendimento.

- **Lado a Lado:** Indica parceria, colaboração e apoio mútuo. Revela uma relação de igualdade e respeito entre os membros da família.

3. Altura e Nível

- **Acima:** Representa autoridade, liderança ou proteção. Pode indicar a figura de um líder na família ou um membro que exerce influência sobre os outros.
- **Abaixo:** Pode indicar submissão, dependência ou falta de poder. Revela possíveis dinâmicas de controle ou desequilíbrio de poder na família.
- **No Mesmo Nível:** Sugere igualdade, equilíbrio e respeito mútuo entre os membros da família. Indica uma relação em que todos são tratados de maneira justa e igualitária.

4. Isolamento e Agrupamento

- **Isolado:** Pode representar exclusão, alienação ou sentimentos de solidão por parte do membro representado. Indica possíveis áreas de desconexão ou falta de integração na família.
- **Agrupado:** Indica união, proximidade emocional ou dependência mútua entre os membros representados. Revela uma relação de apoio e solidariedade dentro da família.

5. Conflitos Não Resolvidos

- **Membros** posicionados de costas um para o outro podem revelar conflitos não resolvidos ou falta de comunicação entre eles. Indica a necessidade de abordar esses conflitos e buscar uma resolução.
- **Membros** isolados podem indicar sentimentos de rejeição, exclusão ou solidão por parte do membro representado. Revela possíveis áreas de dor ou desconexão na família.

6. Padrões Repetitivos

- **Posicionamentos** que se repetem em diferentes partes da escultura podem apontar para padrões familiares arraigados que se repetem ao longo do tempo. Indicam a necessidade de identificar esses padrões e buscar maneiras de interrompê-los para promover uma mudança positiva na dinâmica familiar.

7. Posicionamento de Pais e Filhos

- **Pais** posicionados acima dos filhos podem refletir uma dinâmica de autoridade e proteção, em que os pais assumem o papel de guias e provedores.

- **Filhos** posicionados distantes dos pais podem indicar falta de proximidade emocional ou independência, revelando possíveis áreas de conflito geracional ou desconexão.

8. Relacionamentos Conjugais

- **Cônjuges** posicionados de frente um para o outro podem simbolizar comunicação aberta, parceria e comprometimento mútuo.

- **Cônjuges** posicionados de costas podem sugerir conflito não resolvido, distância emocional ou falta de comunicação entre eles.

9. Dinâmicas de Geração

- **Avós** posicionados acima dos pais podem representar respeito pela autoridade e tradição, indicando uma influência significativa das gerações mais velhas na família.

- **Netos** posicionados abaixo dos avós podem indicar dependência ou influência das gerações mais velhas, revelando possíveis áreas de suporte e orientação familiar.

10. Distribuição de Recursos

- **Objetos** posicionados em locais estratégicos podem representar a distribuição de recursos dentro da família, como poder, atenção, afeto ou responsabilidades.

- **A distribuição** desigual pode revelar desequilíbrios ou conflitos relacionados à distribuição de recursos na dinâmica familiar.

11. Conexões e Pontes

- **Objetos** posicionados de forma a criar conexões ou pontes entre membros da família podem indicar laços emocionais fortes, apoio mútuo e comunicação aberta.
- **A presença** ou ausência de conexões pode revelar áreas de conexão ou desconexão dentro da família.

12. Espaço Vazio

- **Espaços** vazios na escultura podem representar membros ausentes da família, seja fisicamente ou emocionalmente.
- **A presença** de espaços vazios pode sugerir a necessidade de incluir esses membros nas dinâmicas familiares ou abordar questões relacionadas à sua ausência.

13. Direção do Fluxo de Energia

- **Observar** a direção para a qual os membros da família estão voltados pode fornecer *insights* sobre o fluxo de energia dentro do sistema familiar.
- **Uma** direção coesa e harmoniosa pode indicar um fluxo saudável de comunicação e interação, enquanto direções opostas podem sugerir conflitos ou desafios de comunicação.

14. Espaços de Transição

- **Locais** na escultura que representam espaços de transição, como portas, corredores ou passagens, podem simbolizar momentos de mudança ou transformação na vida da família.
- **Esses espaços** podem indicar oportunidades para explorar

novos caminhos ou abordar questões não resolvidas à medida que a família atravessa transições.

15. Expressões Faciais e Posicionamento do Corpo

- **Além** da posição dos objetos, observe as expressões faciais e o posicionamento do corpo dos membros da família representados na escultura.
- **Expressões** de tristeza, raiva, felicidade ou outras emoções podem fornecer pistas adicionais sobre as dinâmicas emocionais presentes na família.

16. Objetos Ausentes

- **Além** dos objetos presentes na escultura, observe os objetos que estão ausentes ou não foram incluídos.
- **A ausência** de certos membros da família ou objetos pode revelar áreas de exclusão, esquecimento ou desconsideração dentro da dinâmica familiar.

17. Interações entre os Objetos

- **Observe** as interações entre os objetos na escultura, como toque, proximidade ou distância entre eles.
- **Essas** interações podem fornecer *insights* sobre os relacionamentos entre os membros da família e as dinâmicas de poder ou afeto presentes.

18. Mudanças ao Longo do Tempo

- **Ao longo** da atividade, observe como a escultura pode mudar à medida que os participantes ajustam os posicionamentos dos objetos.
- **Essas mudanças** podem refletir uma evolução nas percepções

e emoções dos participantes, oferecendo oportunidades para explorar processos de mudança e crescimento na família.

19. Representações Simbólicas

- **Além** dos objetos em si, considere os significados simbólicos que eles podem carregar.
- **Por exemplo**, uma figura de pássaro pode representar liberdade ou aspirações, enquanto uma pedra pode simbolizar estabilidade ou solidez.

20. Harmonia e Dissonância Estética

- **Observe** a estética geral da escultura, incluindo padrões de cores, formas e texturas.
- **Uma escultura** com harmonia estética pode sugerir uma dinâmica familiar equilibrada, enquanto uma com dissonância estética pode indicar conflitos ou tensões subjacentes.

21. Intuição e Impressões Subjetivas

- **Encoraje** os participantes a confiar em sua intuição e nas impressões subjetivas que têm sobre a escultura.
- **Muitas vezes**, nossas impressões intuitivas podem revelar informações valiosas sobre as dinâmicas familiares que não são facilmente perceptíveis à primeira vista.

22. Contexto Histórico e Cultural

- **Considere** o contexto histórico e cultural da família ao interpretar a escultura.
- **Certas posições** ou configurações podem ter significados específicos dentro de uma cultura ou contexto histórico, e é importante levar isso em consideração ao analisar a escultura.

23. Respostas Físicas e Emocionais

- **Observe** as respostas físicas e emocionais dos participantes durante a atividade.

- **Expressões faciais**, linguagem corporal e reações emocionais podem fornecer *insights* valiosos sobre como os participantes se sentem em relação à dinâmica familiar representada na escultura.

24. Reflexão e Integração

- **Ao concluir** a atividade, reserve um tempo para reflexão e integração das descobertas feitas durante a exploração da escultura.

- **Incentive** os participantes a considerarem como podem aplicar esses *insights* em suas vidas familiares e relacionamentos cotidianos.

- **Ao considerar** esses elementos ao explorar uma Escultura Familiar, você estará mais bem equipado para entender as dinâmicas familiares e identificar áreas para cura, crescimento e transformação.

Exercício 46 – Escultura Familiar com a Pirâmide Neurológica

Material necessário

- Um tecido grande com a pirâmide dos 6 níveis neurológicos de Robert Dilts desenhada.

- Objetos que representarão os membros da família de origem e atual (podem ser figuras de bonecos, pedras, pequenos objetos, etc.).

- Etiquetas, canetas ou marcadores para nomear cada objeto.

Passo a Passo

1. Desenhando a Pirâmide

No tecido, desenhe uma pirâmide com 6 níveis horizontais, onde cada nível será rotulado com um dos níveis neurológicos:

Base: Ambiente

2º Nível: Comportamento

3º Nível: Habilidades/Capacidades

4º Nível: Crenças/Valores

5º Nível: Identidade

Topo: Espiritualidade

2. Escolha dos Objetos

Cada aluno escolherá objetos que representem os membros da sua família de origem e família atual. A sugestão é que:

- **Objetos pequenos** representem membros da família que possuem menos influência ou menor proximidade.
- **Objetos grandes** ou mais vistosos representem aqueles com maior influência ou proximidade emocional.

3. Posicionamento Inicial (Ambiente)

No nível mais baixo da pirâmide, Ambiente, os alunos devem posicionar todos os objetos representando os membros da família. Este é o ponto de partida para observar como eles percebem a "disposição física" e o contexto no qual os relacionamentos estão inseridos.

Pergunta-chave: "Como é o ambiente físico e emocional onde essa relação acontece?"

4. Explorando o Comportamento

Movendo-se para o nível Comportamento, os alunos podem ajustar a posição dos objetos que representam a família para refletir as interações comportamentais, como proximidade emocional, distanciamento ou comportamento visível entre os membros da família.

Pergunta-chave: "Quais são os padrões de comportamento que você observa entre os membros da família?"

5. Investigando Capacidades

No nível de Capacidades/Habilidades, os alunos devem observar o que cada membro da família é "capaz" de fazer dentro das interações familiares. Aqui, eles podem mover os objetos para representar as habilidades de cada um em lidar com desafios ou apoiar outros membros.

Pergunta-chave: "Quais são as habilidades que cada membro da família usa para se comunicar, apoiar ou até evitar conflitos?"

6. Mapeando Crenças e Valores

No nível de Crenças/Valores, os alunos devem considerar as crenças subjacentes e os valores que influenciam o comportamento e as habilidades de cada membro da família. Aqui, a posição dos objetos pode mudar se as crenças criam afastamento ou conexão entre os membros.

Pergunta-chave: "Quais são as crenças e os valores que unem ou separam os membros da família?"

7. Identidade e Dinâmica de Poder

No nível de Identidade, os alunos podem ajustar as posições para refletir a importância de cada membro da família na construção da identidade individual e coletiva. Pode-se observar quem exerce mais influência ou quem define padrões dentro da família.

Pergunta-chave: "Como cada pessoa se vê dentro dessa estrutura familiar? Quem exerce a maior influência na identidade familiar?"

8. Conexão Espiritual

No nível de Espiritualidade, os alunos colocam os objetos de forma a representar a conexão ou desconexão espiritual entre os membros da família. Eles podem adicionar outros objetos que representem figuras simbólicas (ancestrais, crenças espirituais, etc.).

Pergunta-chave: "Como a espiritualidade ou os legados ancestrais influenciam as relações familiares?"

Interpretação dos Movimentos e Posições

Proximidade e Distância: Objetos mais próximos no tecido indicam maior conexão, enquanto os mais distantes representam afastamento emocional ou físico.

Tamanho e Importância: O tamanho dos objetos pode indicar a percepção de influência ou presença na vida do aluno.

Posicionamento nos Níveis: Observar se determinados membros permanecem mais nos níveis inferiores (Ambiente e Comportamento) ou se movem para os níveis superiores (Identidade e Espiritualidade) pode oferecer *insights* sobre a profundidade do impacto deles na vida do aluno.

Reflexão Final:

Após o posicionamento dos objetos, cada aluno deve refletir e compartilhar suas percepções sobre as posições e movimentos feitos durante o exercício. O terapeuta pode ajudar a trazer à tona *insights* sistêmicos baseados no distanciamento, proximidade, e níveis de influência de cada membro.

Essa atividade ajuda a integrar conceitos sistêmicos com os níveis neurológicos, fornecendo uma perspectiva profunda sobre os padrões familiares e as dinâmicas internas de cada aluno.

Aqui está uma lista mais detalhada de posições e significados para cada nível neurológico dentro da pirâmide, ampliando as interpretações possíveis no exercício:

Ambiente (Base da Pirâmide)

Proximidade física dos objetos:

- Objetos próximos entre si indicam uma convivência física intensa ou contato diário.
- Objetos afastados podem indicar distanciamento geográfico ou emocional.

Posicionamento fora da pirâmide:

- Um objeto fora da pirâmide indica uma pessoa ausente no ambiente familiar (morte, distanciamento físico ou emocional profundo).

Posição central no nível:

- Um objeto no centro deste nível indica que a pessoa influencia diretamente o ambiente ao redor (papel dominante no espaço familiar).

Objetos nas bordas:

- Representam pessoas que estão presentes, mas com pouco impacto no cotidiano familiar, como parentes distantes ou membros pouco engajados.

Objetos na base externa da pirâmide:

- Indicam influências externas que impactam o ambiente, como trabalhos, amigos ou parceiros que afetam a dinâmica familiar.

Comportamento (2º Nível)

Objetos em movimento constante (se movendo durante o exercício):
- Representam uma pessoa com comportamento instável ou errático, cujas ações são imprevisíveis.

Objetos fixos:
- Refletem comportamentos estáveis e consistentes, indicando previsibilidade e segurança nas interações.

Objetos sobrepostos:
- Mostram membros da família com comportamentos sobrecarregados ou que se misturam em suas funções, sem clareza de papéis.

Objetos em posições opostas:
- Indicam conflitos ou comportamentos que se chocam diretamente, causando tensões dentro do ambiente familiar.

Objetos em linha reta:
- Mostram pessoas com comportamentos alinhados ou que seguem padrões semelhantes, indicando harmonia ou conformidade.

Objetos separados por barreiras (outros objetos no meio):
- Representam comportamentos que causam bloqueios ou separações entre os membros da família.

Capacidades/Habilidades (3º Nível)

Objetos mais elevados ou em destaque:
- Indicam membros da família que possuem habilidades de

liderança ou têm mais recursos emocionais/psicológicos para enfrentar desafios.

Objetos menores ou em menor destaque:

- Representam aqueles que possuem habilidades limitadas ou menos desenvolvidas, como crianças ou pessoas dependentes.

Objetos agrupados:

- Refletem membros da família que colaboram e compartilham habilidades, formando um grupo com capacidades complementares.

Objetos separados:

- Indicam indivíduos que possuem habilidades exclusivas e não compartilham essas capacidades com outros membros da família.

Objetos nas extremidades:

- Representam habilidades que são utilizadas em momentos de crise ou situações extremas, como membros da família que só aparecem em tempos de necessidade.

Objetos no centro:

- Membros da família que são vistos como a "cola" ou o ponto de equilíbrio em termos de habilidades para resolver conflitos ou desafios.

Crenças/Valores (4º Nível)

Objetos sobrepostos:

- Indicam crenças fortemente compartilhadas entre os membros da família, como religião ou princípios de vida comuns.

Objetos afastados:
- Representam divergência de valores e crenças entre membros da família, podendo gerar conflitos ou desconexão.

Objetos em diagonal:
- Mostram uma possível evolução ou transformação de crenças ao longo do tempo, como mudanças de pensamento entre gerações.

Objetos girados ou em ângulos diferentes:
- Refletem uma mudança recente ou em andamento nas crenças de um membro da família, que pode estar em transição de valores.

Objetos na borda do nível:
- Representam crenças que não são centrais na família, mas ainda influenciam, como tradições ou costumes que não são mais tão praticados.

Objetos no topo do nível:
- Indicam que certos valores ou crenças são a base de muitas decisões familiares, como moralidade ou ética fortemente presente.

Identidade (5º Nível)

Objetos grandes ou em destaque:
- Refletem membros da família que têm uma identidade muito forte e definida, exercendo uma influência significativa sobre o grupo.

Objetos pequenos ou subestimados:
- Representam membros da família cuja identidade é suprimida ou que têm dificuldade em se expressar ou se posicionar.

Objetos dispostos em círculo:

- Indicam que as identidades dos membros da família estão interligadas ou que há uma dinâmica de coesão entre eles, formando uma unidade.

Objetos isolados no nível:

- Mostram um membro da família que se sente alienado ou excluído em termos de identidade, sem uma conexão clara com os outros.

Objetos na borda do nível:

- Indicam uma identidade em transição ou uma pessoa que está questionando seu papel e identidade dentro do sistema familiar.

Objetos sobrepostos:

- Refletem membros cuja identidade é confusa ou misturada com a de outros, como um filho que segue cegamente os passos de um dos pais.

Objetos em diagonal:

- Representa uma identidade que está se formando ou mudando, talvez sob influência de novas experiências de vida ou realizações.

Espiritualidade (Topo da Pirâmide)

Objetos no centro do topo:

- Indicam uma forte conexão espiritual entre os membros da família, em que todos compartilham uma visão de mundo ou uma crença comum em algo maior.

Objetos afastados no topo:
- Refletem desconexão espiritual, na qual os membros da família seguem caminhos espirituais ou crenças metafísicas divergentes.

Objetos dispostos em uma espiral ou em círculos concêntricos:
- Mostram uma evolução ou ciclo espiritual compartilhado, onde os membros estão em diferentes estágios, mas movendo-se na mesma direção.

Objetos nas bordas ou fora do topo:
- Representam membros que estão fora de uma jornada espiritual comum, ou que não acreditam ou não participam dessas discussões no contexto familiar.

Objetos empilhados:
- Indicam uma conexão espiritual forte, onde a espiritualidade de um membro sustenta ou reforça a de outro, como um ancestral que influencia fortemente as gerações futuras.

Objetos caídos ou virados para fora:
- Refletem uma ruptura ou crise espiritual, em que um membro da família pode estar questionando suas crenças ou se afastando de tradições espirituais familiares.

Essas novas posições e significados permitem um olhar ainda mais profundo sobre as dinâmicas familiares, fornecendo camadas de interpretação para cada nível da pirâmide neurológica.

1. Ambiente (Base da Pirâmide)

"Pense em como você percebe a presença de cada membro

da sua família no seu dia a dia e posicione os objetos no triângulo conforme a sensação de proximidade ou distância que eles trazem."

Direciona para posicionar os objetos baseados na convivência física ou emocional.

"Se houver alguém que, de alguma forma, está distante de você, seja fisicamente ou emocionalmente, onde você o colocaria fora deste triângulo?"

Incentiva o posicionamento de pessoas ausentes emocional ou fisicamente fora da pirâmide.

"Quem você sente que está mais 'no centro' da sua vida? Coloque esse objeto em um lugar central no triângulo."

Leva a posicionar membros da família que têm maior impacto no ambiente centralizado.

"Agora, se existir alguma outra influência importante na sua vida, como um trabalho ou outra relação significativa, adicione um novo objeto e posicione-o onde achar que faz sentido."

Sugere a identificação de fatores externos que afetam o ambiente familiar.

2. Comportamento (2º Nível)

"Agora, mova os objetos para refletir quem, em sua percepção, está mais próximo de você em termos de ações e quem tende a se afastar. Onde você os colocaria?"

Direciona a perceber comportamentos de aproximação e afastamento sem mencionar diretamente.

> *"Alguns membros da sua família parecem agir de maneira semelhante ou se complementam? Coloque esses objetos mais próximos ou até sobrepostos."*

Incentiva a perceber padrões de comportamento semelhantes ou sobrepostos entre os membros da família.

> *"Agora, pense se há alguém cujas atitudes parecem ir contra as suas. Onde você colocaria esse objeto em relação ao seu?"*

Leva a perceber comportamentos de oposição ou conflito sem mencionar isso diretamente.

> *"Se você sente que alguém muda de atitude ou comportamento frequentemente, como você representaria esse movimento com o objeto? Tente mover esse objeto para uma nova posição."*

Incentiva a representar comportamentos instáveis ou imprevisíveis sem revelar a intenção.

3. Capacidades/Habilidades (3º Nível)

> *"Agora, imagine quem na sua família parece ser mais capaz de lidar com situações difíceis. Coloque esse objeto em um lugar que represente essa habilidade que você enxerga neles."*

Direciona a colocar membros da família com mais habilidades em posições de destaque.

> *"E aqueles que parecem depender mais dos outros ou que você percebe que têm menos capacidade de lidar com os desafios? Onde você os posicionaria?"*

Sugere a colocação de membros com menos habilidades em posições mais discretas.

> *"Há alguém na sua família que trabalha bem em conjunto*

com outro membro? Coloque esses objetos de forma que representem essa colaboração."

Incentiva o agrupamento de objetos para refletir habilidades complementares.

"Agora, pense se existe alguém que possui habilidades muito diferentes das dos outros. Coloque o objeto deles de uma forma que mostre essa diferença."

Direciona a representar habilidades únicas ou isoladas sem mencionar isso diretamente.

"Se há alguém que só aparece em momentos de necessidade ou crise, como você representaria esse papel especial no triângulo?"

Leva a posicionar membros que têm habilidades emergenciais em lugares afastados ou extremos.

4. Crenças/Valores (4º Nível)

"Agora, reflita sobre quem na sua família tem ideias ou visões de vida muito próximas das suas. Onde você colocaria esses objetos para mostrar essa afinidade?"

Incentiva o agrupamento de objetos que compartilham crenças ou valores sem usar esses termos.

"Há alguém cujas ideias parecem muito diferentes das suas? Coloque o objeto dele em um lugar que represente essa diferença."

Sugere afastar objetos que representam divergências de crenças ou valores.

"Agora pense se há algo que mudou em como você enxerga

as ideias e crenças de alguém ao longo do tempo. Como você posicionaria esse objeto para mostrar essa mudança?"

Direciona para posicionar objetos em diagonal ou em transição para refletir uma mudança de crenças ao longo do tempo.

"Alguns valores ou tradições na sua família parecem estar mais distantes do centro das atenções? Onde você colocaria os objetos que simbolizam essas influências?"

Incentiva a colocar objetos nas bordas para refletir crenças menos centrais.

"Pense agora em alguém cujas ideias ou crenças são muito fortes e que parece influenciar muitos ao seu redor. Onde você colocaria esse objeto para mostrar essa influência?"

Sugere o posicionamento de objetos em destaque ou centralizados para refletir crenças influentes.

5. Identidade (5º Nível)

"Quem na sua família você sente que tem uma presença muito forte ou uma identidade bem definida? Coloque esse objeto de uma maneira que mostre essa força."

Direciona a colocar membros com identidades fortes em posições de destaque.

"E alguém cuja presença ou identidade parece menos percebida ou valorizada? Onde você colocaria esse objeto?"

Sugere posicionar membros menos valorizados ou percebidos em locais mais discretos.

"Agora, pense em como você se conecta com cada membro da sua família em termos de identidade. Quem você colocaria mais próximo de você no triângulo?"

Incentiva o aluno a perceber a conexão de identidade com outros membros e posicioná-los próximos ou afastados.

> *"Se você sente que alguém na sua família está buscando ou mudando de identidade, onde você colocaria o objeto deles para mostrar essa transição?"*

Direciona a colocar objetos em posições de transição ou afastados para refletir mudanças de identidade.

> *"Se houver alguém que parece ter uma identidade muito similar à de outra pessoa na família, como você posicionaria esses dois objetos?"*

Incentiva a sobreposição ou proximidade de objetos para refletir identidades interligadas ou confundidas.

6. Espiritualidade (Topo da Pirâmide)

> *"Agora, pense em quem na sua família parece estar mais conectado com algo maior, com a espiritualidade ou uma crença profunda. Coloque esse objeto no topo do triângulo de forma que represente isso."*

Direciona a posicionar objetos no topo para representar membros espiritualmente conectados.

> *"Há alguém que, em sua percepção, está em um caminho espiritual diferente ou distante dos demais? Onde você colocaria esse objeto no topo ou fora dele?"*

Incentiva a posicionar objetos afastados no topo para refletir desconexões espirituais.

> *"Se você sente que alguns membros da sua família estão em uma jornada espiritual em conjunto, onde você os colocaria para mostrar essa conexão?"*

Sugere colocar os objetos em espiral ou próximos para representar uma jornada espiritual compartilhada.

> *"Agora, pense se existe algum membro da família que serve como um guia ou inspiração espiritual para os outros. Como você posicionaria esse objeto?"*

Direciona a colocar o objeto em destaque para refletir uma forte influência espiritual.

> *"Se há uma pessoa que está questionando ou se afastando da espiritualidade familiar, como você representaria isso no topo da pirâmide?"*

Incentiva a posicionar o objeto fora ou nas bordas do topo para refletir afastamento espiritual.

O que é importante sobre este exercício?

_____
_____
_____
_____
_____
_____
_____
_____
_____
_____
_____

5.4 Constelação com Cartas Sistêmicas – Autoconstelação

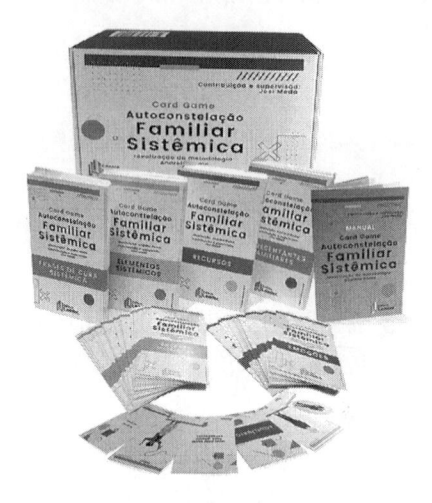

Esta é a imagem do Jogo Card Game – Autoconstelação – Ed. Leader

Aprendendo a Constelar

Passo a Passo para Constelar com Cartas Sistêmicas

Método é baseado em 6 passos e você precisa aprender a visão da Constelação Familiar sobre cada um deles:

a) Emoção:

Na constelação familiar, a emoção desempenha um papel crucial. Ela é a energia subjacente que guia e influencia os relacionamentos familiares. As emoções não expressas ou não resolvidas podem criar desequilíbrios e tensões dentro do sistema familiar. Identificar e compreender as emoções envolvidas permite que a cura comece a acontecer. Durante uma constelação, as emoções são exploradas e expressadas para trazer à tona questões subjacentes que podem estar afetando a dinâmica familiar.

b) Representante Familiar:

Os representantes familiares são indivíduos que assumem o papel de membros da família durante uma constelação. Eles não precisam conhecer os detalhes da história da família, mas são guiados por uma sensibilidade intuitiva que os conecta às energias e dinâmicas do sistema familiar. Ao posicionar os representantes no espaço, é possível visualizar e compreender melhor os padrões e os relacionamentos dentro da família.

c) Âncora Familiar:

A âncora familiar é o ponto de referência que conecta os membros da família ao sistema como um todo. Representa as influências ancestrais e as lealdades invisíveis que moldam os destinos individuais e coletivos. Durante uma constelação, é importante reconhecer e honrar a âncora familiar, permitindo que a energia flua livremente e restaurando o equilíbrio dentro do sistema.

d) Elementos Sistêmicos:

Os elementos sistêmicos são os padrões, crenças e leis invisíveis que governam o funcionamento da família. Eles incluem temas como ordem, pertencimento, equilíbrio de dar e receber, e hierarquia. Ao identificar e trabalhar com esses elementos, é possível trazer clareza e harmonia aos relacionamentos familiares.

e) Recursos Sistêmicos:

Os recursos sistêmicos referem-se às forças de cura e apoio presentes dentro do sistema familiar. Eles podem incluir figuras ancestrais, virtudes familiares, tradições culturais e conexões espirituais. Durante uma constelação, é essencial acessar e fortalecer esses recursos para promover a cura e a resolução.

f) Frases de Cura:

As frases de cura são afirmações ou declarações que visam transformar padrões disfuncionais e promover a harmonia dentro do sistema familiar. Elas são formuladas com base nas percepções e *insights* obtidos durante a constelação e são uma ferramenta poderosa para promover a integração e a cura emocional.

Aqui está um passo a passo para conduzir uma constelação familiar com cartas sistêmicas:

A. Preparação:

- Antes de começar, prepare o espaço onde a constelação será realizada, garantindo que seja um ambiente calmo e tranquilo.
- Organize as cartas sistêmicas de acordo com as categorias: Emoção, Representante Familiar, Âncora Familiar, Elementos Sistêmicos, Recursos Sistêmicos e Frases de Cura.
- Certifique-se de que todos os participantes estejam confortáveis e prontos para o processo.

B. Abertura:

- Inicie a constelação familiar com uma breve explicação do processo e dos objetivos.
- Convide o cliente a expressar sua intenção para a sessão e a compartilhar qualquer informação relevante sobre sua família ou questão em foco.

C. Escolha das Cartas:

- Peça ao cliente para escolher uma carta que represente a emoção predominante em relação à questão familiar. Ele pode selecionar uma carta que contenha uma palavra ou frase que resuma sua emoção.
- Em seguida, convide-o a escolher cartas que representem os membros da família ou figuras significativas relacionadas à questão. Estas serão as cartas dos Representantes Familiares.
- Para as Âncoras Familiares, o cliente pode selecionar imagens de momentos familiares significativos, como reuniões, celebrações ou fotos de família.

D. Posicionamento das Cartas:

- Coloque as cartas escolhidas no chão ou em uma mesa, de acordo com as instruções do cliente.
- Posicione as cartas dos Representantes Familiares de forma a representar a dinâmica e as relações entre os membros da família.

E. Exploração e Revelação:

- Inicie o processo de constelação, permitindo que o cliente observe e interaja com as cartas sistêmicas.
- Encoraje-os a compartilhar suas percepções, sentimentos e *insights* à medida que a constelação se desenrola.
- Explore os Elementos Sistêmicos, utilizando cartas adicionais que complementem e aprofundem a compreensão da dinâmica familiar.

F. Integração de Recursos e Frases de Cura:

- À medida que a constelação progride, convide o cliente a identificar Recursos Sistêmicos, ou seja, as novas percepções ou entendimentos que eles ganharam durante o processo.
- Em seguida, ofereça Frases de Cura, que podem incluir citações de Bert Hellinger ou de outros pensadores sistêmicos, para ancorar os *insights* e promover a cura emocional e a resolução.

G. Fechamento:

- Conclua a constelação familiar agradecendo ao cliente e aos participantes pela sua participação e contribuição.
- Ofereça apoio adicional, se necessário, e sugira práticas de integração para consolidar os *insights* obtidos durante a constelação.
- Lembre-se de que cada constelação é única e pode seguir seu próprio ritmo e direção.

Este processo fornece uma estrutura flexível para explorar questões familiares de forma profunda e significativa.

Exercício 47 – Constelação com cartas – método Josi Meda

Objetivo:

Explorar e resolver dinâmicas familiares que impactam a vida do constelado, promovendo a conscientização e a cura emocional. Este exercício é projetado para trazer à luz padrões inconscientes e lealdades invisíveis que podem estar influenciando a vida do constelado.

Passo a Passo do Exercício

Preparação:

Crie um ambiente seguro e acolhedor. Explique ao constelado o propósito da sessão e como será o processo.

Organize as cartas em seis grupos: Emoção, Representante Familiar, Âncora Familiar, Elementos Sistêmicos, Recursos Sistêmicos e Frases de Cura.

Emoção:

Pergunta do Constelador: "Qual emoção você gostaria de explorar hoje em relação à sua família ou a uma situação específica?"

Atividade: O constelado escolhe uma carta que represente essa emoção.

Objetivo: Identificar a emoção predominante que está afetando a dinâmica familiar.

Representante Familiar:

Pergunta do Constelador: "Quem na sua família está diretamente relacionado a essa emoção? Você se sente conectado a alguém em particular?"

Atividade: O constelado escolhe cartas que representam os membros da família ou figuras significativas que estão ligadas à situação.

Objetivo: Visualizar as relações familiares e como cada membro influencia a emoção identificada.

Âncora Sistêmica:

Pergunta do Constelador: "Que momentos ou memórias familiares vêm à sua mente quando você pensa nessa emoção ou situação? Que imagens ou histórias são importantes?"

Atividade: O constelado escolhe imagens ou cartas que representam momentos significativos da história familiar relacionados à emoção.

Objetivo: Conectar o constelado às raízes e à ancestralidade, reconhecendo a influência do passado sobre o presente.

Elemento Sistêmico:

Pergunta do Constelador: "Quais padrões, crenças ou normas familiares você percebe que estão contribuindo para essa emoção? Existem regras não ditas que governam a sua família?"

Atividade: O constelado escolhe cartas que simbolizam os padrões ou regras que influenciam a dinâmica familiar.

Objetivo: Identificar elementos invisíveis que sustentam a situação emocional do constelado.

Recurso Sistêmico:

Pergunta do Constelador: "Que forças ou recursos você tem à sua disposição para lidar com essa emoção? Quais são suas qualidades ou apoios que podem ajudar?"

Atividade: O constelado escolhe cartas que representam recursos, habilidades ou suporte que podem ajudar na situação.

Objetivo: Reconhecer e fortalecer os recursos internos e externos disponíveis para o constelado.

Frases de Cura:

Pergunta do Constelador: "Qual frase ou afirmação você gostaria de internalizar para ajudar na cura dessa situação? O que você gostaria de afirmar para si mesmo e para sua família?"

Atividade: O constelado escolhe ou cria uma frase de cura que ressoe com a situação.

Objetivo: Ancorar a experiência de cura e transformação por meio de afirmações positivas e construtivas.

Finalização:

Reflexão: Após o exercício, convide o constelado a refletir sobre o que aprendeu.

Pergunte: "Como você se sente agora em relação à sua situação e à sua família?"

Integração: Sugira práticas ou rituais que o constelado possa fazer para integrar os *insights* obtidos durante a constelação em sua vida diária.

Considerações Finais

Este exercício sistêmico permite uma exploração profunda das dinâmicas familiares, ajudando o constelado a reconhecer e transformar padrões disfuncionais, promover a cura emocional e encontrar novos caminhos de entendimento e aceitação dentro do sistema familiar.

O que é importante sobre este exercício?

_____
_____
_____
_____
_____
_____
_____
_____
_____
_____

Josi Meda

CAPÍTULO 6:

EXERCÍCIOS DE PENSAMENTO SISTÊMICO COM JOGOS

6.1 Baú Jornada Sistêmica

Imagem dos Jogos Baú Jornada Sistêmica 1, 2, 3 – Ed. Leader

Introdução ao Pensamento Sistêmico

Aprendendo a pensar no todo

- **Definição e Conceitos Fundamentais:**

O pensamento sistêmico é uma abordagem que considera os sistemas como um todo integrado, composto por partes interconectadas e interdependentes. Essa visão holística busca compreender as relações entre os elementos de um sistema e como essas relações influenciam seu funcionamento global.

- **Origens e História:**

O pensamento sistêmico tem suas raízes em diversas disciplinas, incluindo biologia, ecologia, cibernética e ciências sociais. Surgiu no século XX como uma resposta à necessidade de lidar com problemas cada vez mais complexos e interconectados.

- **Aplicações Práticas:**

O pensamento sistêmico pode ser aplicado em uma variedade de áreas, desde gestão de empresas até planejamento urbano e desenvolvimento sustentável. Por exemplo, ele é utilizado para entender e melhorar processos organizacionais, resolver problemas ambientais e sociais complexos, e promover a inovação e a colaboração.

- **Benefícios e Importância:**

Adotar uma abordagem sistêmica oferece uma série de benefícios, incluindo a capacidade de compreender a complexidade dos sistemas, antecipar e evitar efeitos colaterais não desejados, e promover soluções mais sustentáveis e resilientes.

- **Ferramentas e Métodos:**

Existem várias ferramentas e métodos disponíveis para auxiliar no pensamento sistêmico, como diagramas de estoque e fluxo, mapas cognitivos, modelagem de sistemas, simulações computacionais e análise de redes.

- **Desafios e Limitações:**

Apesar de suas vantagens, o pensamento sistêmico também enfrenta desafios, como a dificuldade de lidar com incertezas e variáveis desconhecidas, e a resistência cultural e organizacional à mudança de paradigma.

- **Exercícios Práticos:**

Para desenvolver habilidades de pensamento sistêmico, é possível realizar exercícios como a análise de sistemas complexos, a identificação de *feedbacks* e a prática de pensamento divergente e convergente.

O ciclo do pensamento sistêmico na Constelação Familiar

1. Observação e Reconhecimento:

O ciclo começa com a observação atenta das dinâmicas familiares ou dos elementos do sistema representados pelas cartas Desperta Família e pelas cartas dos Baús Jornada Sistêmica. Os participantes reconhecem os padrões, conexões e interações entre os membros da família ou os aspectos do sistema.

2. Compreensão e Reflexão:

Os participantes refletem sobre as observações feitas e buscam compreender as causas subjacentes dos padrões identificados. Eles exploram as influências transgeracionais, os traumas não resolvidos e as dinâmicas ocultas que afetam as relações familiares ou os sistemas em questão.

3. Intervenção e Clareza:

Com a orientação do constelador, os participantes são incentivados a intervir no ciclo, trazendo *insights* e clareza para as dinâmicas familiares ou do sistema. Eles exploram novas perspectivas, desafiam crenças limitantes e buscam soluções para os desafios identificados.

4. Aceitação e Resolução:

Os participantes praticam a aceitação das verdades reveladas durante a constelação e se comprometem com a resolução dos conflitos e problemas identificados. Eles reconhecem a importância de honrar a história familiar e de buscar a cura emocional e a harmonia dentro do sistema.

5. Ação e Transformação:

O ciclo se completa com a implementação das mudanças necessárias e ações concretas para promover a transformação positiva dentro do sistema. Os participantes se comprometem a aplicar os *insights* obtidos na constelação em suas vidas diárias, buscando relações mais saudáveis, equilibradas e harmoniosas.

O ciclo do pensamento sistêmico na constelação familiar é um processo dinâmico e interativo que guia os participantes na exploração das dinâmicas familiares ou dos sistemas em questão. Começando com a observação e reconhecimento dos padrões, o ciclo avança para a compreensão e reflexão das causas subjacentes, seguido pela intervenção e clareza trazidas pelo facilitador e pelos participantes. Com a aceitação das verdades reveladas, os participantes se comprometem com a resolução dos conflitos e problemas identificados, culminando na implementação de ações concretas para promover a transformação positiva dentro do sistema. Este ciclo proporciona um caminho claro e estruturado para a cura emocional e a harmonia nas relações familiares e nos sistemas em constelação.

Exercício 48 – Método de Constelação Familiar com Cartas Sistêmicas

Passo 1: Preparação Inicial

Escolha um espaço tranquilo e seguro para realizar a constelação.

Estabeleça uma atmosfera de respeito, confiança e empatia entre os participantes.

Introduza as cartas sistêmicas que serão utilizadas na constelação, como as cartas Desperta Família e as cartas dos Baús Jornada Sistêmica.

Passo 2: Identificação do Tema:

Peça aos participantes que identifiquem um tema ou questão que desejam explorar na constelação, utilizando como guia as cartas sistêmicas disponíveis.

Encoraje os participantes a escolherem um tema que seja importante para eles e que desejam compreender melhor ou para o qual desejam encontrar soluções.

Passo 3: Seleção das Cartas:

Com base no tema escolhido, solicite aos participantes que escolham as cartas Desperta Família relevantes para representar os membros da família ou aspectos do sistema relacionados ao tema.

Além disso, convide-os a selecionar cartas dos Baús Jornada Sistêmica que abordem questões específicas relacionadas ao tema, como abandono, abuso, adoção, entre outros.

Passo 4: Posicionamento das Cartas:

Peça aos participantes que posicionem as cartas Desperta Família e as cartas dos Baús Jornada Sistêmica no espaço, representando as dinâmicas familiares ou os elementos do sistema.

Eles podem organizar as cartas de acordo com sua intuição e as relações percebidas entre elas.

Passo 5: Exploração e Observação:

Observe as conexões e padrões que surgem entre as cartas Desperta Família e as cartas dos Baús Jornada Sistêmica durante a constelação.

Incentive os participantes a refletirem sobre as emoções e *insights* que surgem ao observar as cartas e suas interações.

Passo 6: Facilitação e Intervenção:

Como facilitador, intervenha conforme necessário para trazer clareza e *insights* ao processo.

Utilize perguntas poderosas para explorar as dinâmicas familiares e ajudar os participantes a compreenderem as conexões entre as cartas.

Passo 7: Resolução e Encerramento:

Quando surgirem *insights* ou soluções, ajude os participantes a integrá-los em sua compreensão e experiência pessoal.

Encerre a constelação com gratidão e reconhecimento pelo trabalho realizado, permitindo que os participantes compartilhem suas experiências e reflexões finais.

Este método de constelação familiar utiliza cartas sistêmicas, como as cartas Desperta Família e as cartas dos Baús Jornada Sistêmica, para explorar dinâmicas familiares e promover a cura emocional. Os participantes são convidados a escolher um tema significativo e selecionar as cartas relevantes para representar os membros da família e os aspectos do sistema relacionados ao tema. Durante a constelação, são incentivados a refletir sobre as conexões e padrões que surgem entre as cartas, com a orientação do facilitador para trazer clareza e *insights* ao processo. Ao final da constelação, os participantes têm a oportunidade de integrar esses *insights* em sua compreensão pessoal e encontrar uma maior clareza e harmonia em suas relações familiares.

Pensamento Sistêmico nas diferentes disciplinas sistêmicas:

1. Constelação Familiar:

O pensamento sistêmico é essencial na constelação familiar, pois envolve a compreensão das dinâmicas e interações dentro de uma família como um sistema interconectado. Por exemplo, ao analisar os relacionamentos familiares durante uma constelação, é importante considerar como as ações e emoções de um membro da família afetam os outros e o sistema como um todo.

2. Hereditariedade:

O pensamento sistêmico pode ser aplicado ao estudo da hereditariedade ao reconhecer que os genes de uma pessoa não existem isoladamente, mas interagem com o ambiente e com outros genes. Por exemplo, ao examinar padrões genéticos em uma família, é importante considerar não apenas os traços herdados, mas também como fatores ambientais e comportamentais influenciam a expressão dos genes.

3. Transgeracionalidade:

A transgeracionalidade envolve a compreensão das influências e padrões que são transmitidos de uma geração para outra. O pensamento sistêmico é fundamental para isso, pois permite analisar como experiências, traumas e padrões comportamentais podem se manifestar ao longo de várias gerações. Por exemplo, ao explorar padrões de relacionamento em uma família ao longo do tempo, é importante considerar como eventos passados podem continuar a impactar as gerações futuras.

4. Constelação de Casais:

Assim como na constelação familiar, o pensamento sistêmico é crucial na constelação de casais para compreender as dinâmicas e interações dentro do relacionamento como um sistema. Por exemplo, ao trabalhar com um casal durante uma constelação, é importante considerar como as experiências individuais de cada parceiro e suas interações mútuas influenciam a saúde do relacionamento como um todo.

5. Constelação Empresarial:

No contexto empresarial, o pensamento sistêmico é fundamental para entender as interações e influências dentro de uma organização. Por exemplo, ao realizar uma constelação empresarial para resolver problemas organizacionais, é importante considerar como as estruturas de poder, comunicação e cultura organizacional afetam o desempenho e a eficácia da empresa como um todo.

6. Pedagogia Sistêmica:

A pedagogia sistêmica utiliza o pensamento sistêmico para entender e melhorar os processos de ensino e aprendizagem. Por exemplo, ao desenvolver estratégias educacionais, é importante considerar não apenas o aluno individualmente, mas também o ambiente escolar, a família e a comunidade, reconhecendo as interações e influências que moldam a experiência educacional de cada aluno.

7. Justiça Sistêmica:

A justiça sistêmica aplica o pensamento sistêmico para promover uma abordagem mais holística e equitativa ao sistema judicial. Por exemplo, ao lidar com questões legais envolvendo famílias, é importante considerar não apenas os aspectos legais imediatos, mas também as dinâmicas familiares e comunitárias que podem estar contribuindo para o problema.

8. Saúde Sistêmica:

Na área da saúde, o pensamento sistêmico é crucial para entender e abordar as complexas interações entre o corpo, mente e ambiente. Por exemplo, ao tratar uma doença crônica, é importante considerar não apenas os sintomas físicos, mas também os fatores psicológicos, sociais e ambientais que podem influenciar a saúde do paciente.

9. Desenho Sistêmico:

O desenho sistêmico utiliza o pensamento sistêmico para criar soluções de *design* que levem em consideração as interações e interdependências entre os diversos elementos de um sistema. Por exemplo, ao projetar um espaço urbano, é importante considerar não apenas a estética e a funcionalidade, mas também o impacto do *design* na comunidade, no meio ambiente e nas relações sociais.

> Exercício 49 –
> Guia passo a passo para explorar o pensamento sistêmico usando o jogo "Desperta Família"

Imagem do Jogo Desperta Família – Editora Leader

a) Preparação:

Reúna um grupo de participantes interessados em explorar dinâmicas familiares e desenvolver habilidades de pensamento sistêmico. Certifique-se de que todos tenham acesso ao jogo "Desperta Família" e uma área confortável para jogar.

b) Introdução ao Pensamento Sistêmico:

Antes de começar o jogo, forneça uma breve introdução ao pensamento sistêmico, explicando sua abordagem holística para compreender sistemas complexos, como famílias. Destaque a importância de reconhecer as interações e interdependências entre os membros da família e como isso influencia o sistema como um todo.

c) Instruções do Jogo:

Explique as regras do jogo "Desperta Família". Cada participante irá tirar uma carta do baralho, que contém um tema relacionado a dinâmicas familiares. Cada carta também inclui uma breve explicação do tema e uma pergunta para reflexão.

d) Discussão em Grupo:

Após todos os participantes tirarem suas cartas, promova uma discussão em grupo sobre os temas abordados em cada carta. Incentive os participantes a compartilharem suas experiências pessoais, observações e reflexões sobre o tema da carta.

e) Aplicação do Pensamento Sistêmico:

Durante a discussão, oriente os participantes a aplicarem o pensamento sistêmico para analisar o tema da carta. Incentive-os a considerar não apenas o indivíduo em questão, mas também as influências familiares, transgeracionais e sistêmicas que podem estar em jogo.

f) Identificação de Padrões e Dinâmicas:

Ajude os participantes a identificarem padrões e dinâmicas familiares que surgem dos temas discutidos. Explore como esses padrões podem manifestar-se ao longo do tempo e afetar as relações familiares e o bem-estar de cada membro da família.

g) Reflexão e *Insights*:

Encoraje os participantes a refletirem sobre os *insights* e aprendizados obtidos durante a discussão. Peça que compartilhem como a aplicação do pensamento sistêmico os ajudou a compreender melhor as dinâmicas familiares e a considerar abordagens mais holísticas para lidar com desafios familiares.

h) Continuidade e Aprofundamento:

Incentive os participantes a continuar explorando os temas e dinâmicas familiares fora do contexto do jogo, aplicando os princípios do pensamento sistêmico em suas vidas cotidianas e relações familiares.

Exercício 50 –
Guia passo a passo para explorar o pensamento sistêmico usando os jogos Baú Jornada Sistêmica

a) Preparação:

Reúna um grupo de participantes interessados em explorar

questões relacionadas aos temas abordados nos jogos Baú Jornada Sistêmica. Certifique-se de que todos tenham acesso às três caixas de cartas e prepare um ambiente acolhedor para as atividades.

b) Introdução ao Pensamento Sistêmico:

Antes de começar, forneça uma breve introdução ao pensamento sistêmico, explicando sua abordagem holística para compreender sistemas complexos, como as dinâmicas familiares e interpessoais. Destaque a importância de reconhecer as interconexões e interdependências entre os diferentes elementos de um sistema.

c) Seleção de Cartas:

Divida os participantes em grupos ou permita que eles escolham individualmente cartas das caixas que mais ressoam com eles. Cada caixa contém temas específicos, como questões de abandono, abuso, adoção, amor, entre outros.

d) Discussão em Grupo:

Após a seleção das cartas, promova uma discussão em grupo sobre os temas abordados. Incentive os participantes a compartilharem suas experiências, reflexões e *insights* sobre os temas escolhidos.

e) Aplicação do Pensamento Sistêmico:

Durante a discussão, oriente os participantes a aplicarem o pensamento sistêmico para analisar os temas das cartas. Incentive-os a considerar não apenas os indivíduos envolvidos, mas também as influências familiares, transgeracionais e sistêmicas que podem estar em jogo.

f) Identificação de Padrões e Dinâmicas:

Ajude os participantes a identificarem padrões e dinâmicas presentes nos temas das cartas. Explore como esses padrões podem impactar as relações familiares, emocionais e pessoais dos indivíduos envolvidos.

g) Reflexão e *Insights*:

Encoraje os participantes a refletirem sobre os *insights* e aprendizados obtidos durante a discussão. Peça que compartilhem como a aplicação do pensamento sistêmico os ajudou a compreender melhor as questões abordadas e a considerar abordagens mais holísticas para lidar com elas.

h) Continuidade e Aprofundamento:

Sugira aos participantes que continuem explorando os temas e dinâmicas abordados nos jogos em suas vidas cotidianas. Incentive-os a aplicar os princípios do pensamento sistêmico em suas relações interpessoais, buscando compreender e abordar questões de forma mais ampla e holística.

Os temas dos 3 baús para você trabalhar pensamento sistêmico são:

- Frases de Abandono
- Abuso
- Aborto
- Adoção
- Frases de filhos para mãe biológica
- Frases para os pais adotivos
- Frases de Ajuda
- Frases de Amor
- Frases de Amor Interrompido
- Frases de Amor Suicida
- Frases para os Ancestrais
- Frases para Animais de Estimação
- Animais que desaparecem
- Autossabotagem.

Explorando o pensamento sistêmico para estes temas acima:

- **Frases de Abandono:**

Este baú contém frases que exploram o tema do abandono sob uma perspectiva sistêmica, permitindo uma análise das interações e dinâmicas familiares que podem contribuir para sentimentos de abandono. O pensamento sistêmico ajuda a compreender como padrões de relacionamento e eventos passados podem influenciar a experiência individual de abandono, promovendo uma visão mais holística e compassiva.

- **Abuso:**

Neste baú, as frases relacionadas ao tema do abuso são abordadas com uma lente sistêmica, permitindo uma análise das complexas interações familiares e sociais que podem contribuir para o abuso. O pensamento sistêmico ajuda a identificar não apenas as vítimas e agressores, mas também os sistemas e padrões de comportamento que perpetuam o ciclo de abuso, facilitando a busca por soluções mais abrangentes e eficazes.

- **Aborto e Adoção:**

As frases deste baú exploram o tema do aborto e da adoção considerando suas ramificações sistêmicas, incluindo questões de identidade, pertencimento e vínculo familiar. O pensamento sistêmico permite uma compreensão mais profunda das complexas dinâmicas familiares e sociais envolvidas no processo de aborto e adoção, promovendo empatia e compreensão para todas as partes envolvidas.

- **Frases de Filhos para Mãe Biológica:**

Este baú contém mensagens escritas por filhos para suas mães biológicas, oferecendo uma oportunidade para refletir sobre as interconexões familiares e a influência das relações interpessoais ao longo do tempo. O pensamento sistêmico ajuda a compreender como a relação entre mãe biológica e filho pode afetar não apenas os indivíduos envolvidos, mas também o sistema familiar como um todo, facilitando a busca por cura e reconciliação.

- **Frases para os Pais Adotivos:**

Aqui, as frases dirigidas aos pais adotivos são exploradas sob uma perspectiva sistêmica, considerando as complexas dinâmicas familiares e as influências transgeracionais que moldam o relacionamento entre pais adotivos e filhos. O pensamento sistêmico ajuda a reconhecer e honrar o papel único dos pais adotivos na vida de seus filhos, promovendo uma compreensão mais profunda e inclusiva da família.

- **Frases de Ajuda:**

Neste baú, as frases relacionadas ao tema da busca por ajuda são analisadas sob uma perspectiva sistêmica, considerando as interconexões entre indivíduos, famílias e comunidades. O pensamento sistêmico ajuda a compreender de que maneira oferecer e receber ajuda pode impactar não apenas o indivíduo, mas também o sistema familiar e social mais amplo, promovendo resiliência e conexão.

- **Frases de Amor:**

As frases neste baú celebram o amor em suas diversas formas, considerando suas ramificações sistêmicas e sua capacidade de fortalecer e transformar relações familiares e pessoais. O pensamento sistêmico ajuda a compreender como o amor pode fluir e interagir dentro de sistemas familiares complexos, promovendo conexão, cura e crescimento.

- **Frases de Amor Interrompido:**

Aqui, as frases relacionadas ao amor interrompido são exploradas sob uma perspectiva sistêmica, considerando os impactos emocionais e interações familiares associadas à perda e separação. O pensamento sistêmico ajuda a compreender como lidar com o luto e encontrar significado em experiências de amor interrompido, promovendo resiliência e transformação dentro do sistema familiar.

- **Frases de Amor Suicida:**

Este baú contém frases que abordam o tema do amor suicida sob uma lente sistêmica, considerando os complexos fatores familiares, sociais e individuais que contribuem para a angústia emocional e o desespero. O pensamento sistêmico ajuda a compreender como a saúde mental e o bem-estar estão interligados com as dinâmicas familiares e sociais mais amplas, promovendo compaixão e apoio mútuo.

- **Frases para os Ancestrais:**

As cartas deste baú dedicadas aos ancestrais são exploradas sob uma perspectiva sistêmica, considerando a influência e conexão entre gerações passadas, presentes e futuras. O pensamento sistêmico ajuda a compreender como as histórias e experiências dos ancestrais continuam a moldar a identidade e os relacionamentos familiares, promovendo a honra e o respeito pela sabedoria ancestral.

- **Frases para Animais de Estimação:**

Aqui, as frases relacionadas aos animais de estimação são analisadas sob uma perspectiva sistêmica, considerando sua importância como membros da família e sua capacidade de proporcionar amor, conforto e apoio emocional. O pensamento sistêmico ajuda a compreender como os animais de estimação podem influenciar dinâmicas familiares e promover a saúde emocional e o bem-estar.

- **Animais que Desaparecem:**

Neste baú, as frases relacionadas aos animais de estimação que desaparecem são exploradas sob uma perspectiva sistêmica, considerando o impacto emocional e a dinâmica familiar associada à perda de um animal de estimação querido. O pensamento sistêmico ajuda a compreender como lidar com a dor da perda e honrar a memória do animal, promovendo a cura e a conexão dentro do sistema familiar.

- **Autossabotagem:**

As frases neste baú abordam o tema da autossabotagem sob uma lente sistêmica, considerando os padrões de comportamento autodestrutivos e suas origens familiares e sociais. O pensamento sistêmico ajuda a compreender como a autossabotagem pode estar enraizada em dinâmicas familiares e transgeracionais, promovendo a autoconsciência e a busca por mudança positiva.

Exercício 51 – Histórias que ilustram o uso do pensamento sistêmico no dia a dia do constelado

1. Frases de Abandono: História:

Maria sempre se sentiu como se algo estivesse faltando em sua vida, mesmo cercada por uma família amorosa. Ela continuamente lutou com sentimentos de inadequação e solidão, sem entender a origem dessas emoções. Durante uma constelação familiar, Maria teve a oportunidade de explorar sua história familiar e descobriu que sua avó paterna havia sido abandonada quando era criança. Esse trauma não resolvido reverberou através das gerações, afetando indiretamente Maria. Com a orientação do facilitador e o uso do pensamento sistêmico, Maria começou a compreender como os eventos do passado de sua família ainda estavam presentes em sua própria vida. Ela foi capaz de se libertar da culpa e da dor do abandono, reconhecendo que não estava sozinha e que fazia parte de uma história maior.

2. Abuso: História:

João sempre lutou com relacionamentos interpessoais, incapaz de confiar nas pessoas ao seu redor. Ele carregava consigo cicatrizes emocionais profundas de abusos que sofreu na infância, mas nunca havia enfrentado esses traumas de frente. Durante uma constelação familiar, João foi encorajado a explorar suas experiências passadas e reconhecer como elas afetaram seus relacionamentos atuais. Com a orientação do facilitador e a aplicação do pensamento sistêmico, João começou a entender que o abuso que ele sofreu não definia quem ele era. Ele foi capaz de perdoar seu agressor e liberar o peso do passado, permitindo-se finalmente abrir-se para relacionamentos mais saudáveis e significativos.

3. Aborto e Adoção: História:

Ana sempre sentiu um vazio em relação à sua identidade, sem compreender completamente suas origens. Ela foi adotada quando era bebê e nunca teve a oportunidade de conhecer sua mãe biológica. Durante uma constelação familiar, Ana foi convidada a explorar seus sentimentos de perda e pertencimento. Com a orientação do facilitador e o uso do pensamento sistêmico, Ana começou a compreender que sua história não começou com sua adoção, mas sim com suas origens biológicas. Ela foi capaz de honrar sua mãe biológica e reconhecer o amor e a coragem que a levaram a tomar a difícil decisão de colocá-la para adoção. Ao se reconectar com suas raízes, Ana encontrou um novo senso de pertencimento e completude.

4. Frases de Filhos para Mãe Biológica: História:

Ricardo sempre se perguntou sobre sua mãe biológica, imaginando quem ela era e porque o havia colocado para adoção. Durante uma constelação familiar, Ricardo teve a oportunidade de expressar suas emoções e sentimentos através de uma carta para sua mãe biológica. Com a orientação do facilitador e o uso do pensamento sistêmico, Ricardo foi capaz de compreender que sua mãe biológica tomou uma decisão difícil por amor e cuidado. Ele foi capaz de perdoá-la e encontrar paz em sua história, reconhecendo que sua mãe biológica sempre o amou, mesmo que não estivessem juntos.

5. Frases para os Pais Adotivos: História:

Pedro e Ana sempre foram gratos pela bênção de adotar uma criança e dar-lhe um lar amoroso. No entanto, ao longo dos anos, eles enfrentaram desafios ao tentar criar um vínculo profundo com seu filho adotivo, Lucas. Durante uma constelação familiar, Pedro e Ana foram encorajados a explorar suas próprias experiências familiares e as emoções de Lucas em relação à sua adoção. Com a orientação do facilitador e o uso do pensamento sistêmico, eles começaram a entender que o processo de formar laços familiares pode ser complexo e levar tempo. Pedro e Ana aprenderam a importância de honrar o passado de Lucas e criar um espaço seguro para ele expressar seus sentimentos. Ao reconhecerem e validarem as experiências de Lucas, eles foram capazes de fortalecer seu relacionamento e construir uma família baseada no amor e na aceitação mútua.

6. Frases de Ajuda: História:

Sofia sempre foi uma pessoa independente, relutante em pedir ajuda mesmo quando estava lutando. Durante uma fase difícil de sua vida, ela se encontrou sobrecarregada e isolada. Somente durante uma constelação familiar é que Sofia foi incentivada a explorar suas barreiras para buscar ajuda. Com a orientação do facilitador e o uso do pensamento sistêmico, Sofia começou a entender que pedir ajuda não era um sinal de fraqueza, mas sim de coragem e força. Ela aprendeu a reconhecer a importância de construir uma rede de apoio e confiar nos outros para ajudá-la nos momentos difíceis. Ao abrir-se para receber ajuda, Sofia encontrou conforto e apoio em sua jornada de cura.

7. Frases de Ajuda: História:

Sofia sempre foi uma pessoa independente, relutante em pedir ajuda mesmo quando estava lutando. Durante uma fase difícil de sua vida, ela se encontrou sobrecarregada e isolada. Somente durante uma constelação familiar é que Sofia foi incentivada a explorar suas barreiras para buscar ajuda. Com a orientação do facilitador e o uso do pensamento sistêmico, Sofia começou a entender que pedir ajuda não era um sinal de fraqueza, mas sim de coragem e força. Ela aprendeu a reconhecer a importância de construir uma rede de apoio e confiar nos outros para ajudá-la nos momentos difíceis. Ao abrir-se para receber ajuda, Sofia encontrou conforto e apoio em sua jornada de cura.

8. Frases de Amor: História:

Carlos sempre teve dificuldade em expressar seus sentimentos, especialmente quando se tratava de amor. Ele lutava para se conectar emocionalmente com sua família e parceiro, mantendo uma guarda emocional constante. Durante uma constelação familiar, Carlos foi convidado a explorar suas barreiras para expressar amor e receber amor dos outros. Com a orientação do facilitador e o uso do pensamento sistêmico, ele começou a entender que o amor não era apenas uma emoção, mas também uma troca de energia e conexão emocional. Carlos aprendeu a abrir seu coração e expressar seu amor de maneiras mais autênticas e genuínas. Ao permitir-se amar e ser amado, ele encontrou uma nova profundidade em seus relacionamentos e maior sensação de plenitude em sua vida.

9. Frases de Amor Interrompido: História:

Marina sempre carregou consigo a dor da perda de um grande amor que foi interrompido prematuramente. Ela se fechou emocionalmente, incapaz de se permitir amar plenamente novamente. Durante uma constelação familiar, Marina foi incentivada a explorar suas feridas emocionais e compreender como a perda afetou sua capacidade de se relacionar. Com a orientação do facilitador e o uso do pensamento sistêmico, Marina começou a reconhecer que o amor não precisa ser limitado pelo tempo ou pela distância. Ela aprendeu a honrar a memória de seu amor perdido enquanto se permitia abrir-se para novas experiências e conexões. Ao aceitar a dor do amor interrompido como parte de sua história, Marina encontrou uma nova perspectiva sobre o amor e a vida.

10. Frases de Amor Suicida: História:

Lucas sempre lutou contra pensamentos suicidas, sentindo-se preso em um ciclo de desespero e angústia emocional. Ele se sentia desconectado de sua família e incapaz de encontrar uma razão para continuar. Durante uma constelação familiar, Lucas foi encorajado a explorar suas emoções e compartilhar seus sentimentos com seus entes queridos. Com a orientação do facilitador e o uso do pensamento sistêmico, ele começou a entender que a dor não era apenas sua, mas também de sua família. Lucas aprendeu a reconhecer o apoio e o amor ao seu redor, mesmo nos momentos mais sombrios. Ao se abrir para receber ajuda e apoio, Lucas encontrou esperança e uma nova vontade de viver.

11. Frases para os Ancestrais: História:

Miguel sempre teve curiosidade sobre suas origens familiares e a influência de seus ancestrais em sua vida. Durante uma constelação familiar, Miguel foi convidado a explorar sua árvore genealógica e refletir sobre as histórias e experiências de seus antepassados. Com a orientação do facilitador e o uso do pensamento sistêmico, ele começou a reconhecer os padrões e influências familiares que moldaram sua própria identidade e comportamento. Miguel aprendeu a honrar e respeitar a jornada de seus ancestrais, reconhecendo sua conexão com as gerações passadas e futuras. Ao integrar a sabedoria de seus antepassados em sua própria vida, Miguel encontrou uma nova apreciação por suas raízes familiares e um senso de pertencimento mais profundo.

12. Frases para Animais de Estimação: História:

Maria sempre teve uma conexão profunda com seus animais de estimação, considerando-os membros queridos de sua família. Quando seu gato de estimação, Tom, adoeceu gravemente, Maria ficou devastada. Durante uma constelação familiar, Maria foi encorajada a explorar suas emoções em relação a Tom e seu papel na família. Com a orientação do facilitador e o uso do pensamento sistêmico, ela começou a entender a importância dos animais de estimação em sua vida e como suas experiências compartilhadas moldaram suas dinâmicas familiares. Maria aprendeu a honrar e valorizar o amor e a lealdade incondicionais de Tom, reconhecendo sua contribuição para o bem-estar emocional de sua família. Ao cuidar de Tom e expressar seu amor por ele, Maria encontrou conforto e conexão em tempos difíceis.

13. Animais que Desaparecem: História:

Rafael sempre foi um amante dos animais, criando um vínculo especial com seu cachorro de estimação, Buddy. Quando Buddy desapareceu misteriosamente, Rafael ficou arrasado e incapaz de aceitar sua perda. Durante uma constelação familiar, Rafael foi convidado a explorar suas emoções em relação a Buddy e o impacto de sua perda na família. Com a orientação do facilitador e o uso do pensamento sistêmico, ele começou a compreender como a perda de Buddy afetou não apenas a ele, mas também a sua família como um todo. Rafael aprendeu a honrar a memória de Buddy e a encontrar conforto nas lembranças compartilhadas. Ao reconhecer o impacto de Buddy em sua vida e em sua família, Rafael encontrou uma nova maneira de lidar com sua dor e seguir em frente com amor e gratidão em seu coração.

14. Autossabotagem: História:

Ana sempre teve grandes sonhos e aspirações, mas parecia encontrar maneiras de sabotar seu próprio sucesso. Ela constantemente se colocava para baixo e se via incapaz de alcançar seus objetivos. Durante uma constelação familiar, Ana foi convidada a explorar as origens de seus padrões autodestrutivos. Com a orientação do facilitador e o uso do pensamento sistêmico, ela começou a entender como esses padrões estavam enraizados em dinâmicas familiares e transgeracionais. Ana percebeu que sua autossabotagem era uma forma de autoproteção aprendida de seus ancestrais, destinada a evitar o sucesso para evitar possíveis consequências negativas. Com essa nova compreensão, Ana foi capaz de desafiar seus padrões autodestrutivos e se libertar das amarras do passado. Ao reconhecer e superar a autossabotagem, Ana encontrou uma nova confiança em si mesma e em seu potencial para criar uma vida plena e realizada.

O que é importante sobre este exercício?

6.2 Desenho Sistêmico

O que é Desenho Sistêmico

O início do caminho

O desenho sistêmico é uma técnica poderosa utilizada na constelação familiar para visualizar e compreender as dinâmicas familiares de forma clara e objetiva. Essa abordagem permite representar as relações e interações entre os membros da família de maneira simbólica, proporcionando *insights* valiosos sobre os padrões de comportamento, hierarquia e conexões emocionais dentro do sistema familiar.

Durante uma sessão de constelação familiar, os membros são convidados a representar diferentes papéis dentro da família, posicionando-se no espaço de acordo com suas relações e interações. O facilitador ajuda a criar uma "constelação" visual, onde os membros são posicionados de maneira que reflitam as dinâmicas familiares subjacentes.

Por meio do desenho sistêmico, os participantes podem observar e compreender as relações entre os membros da família, identificar padrões repetitivos de comportamento e explorar as origens de conflitos e desequilíbrios. Essa técnica facilita a visualização de questões complexas de maneira tangível, permitindo que os membros da família ganhem uma nova perspectiva sobre sua dinâmica familiar.

Ao compreender mais profundamente as dinâmicas familiares por meio do desenho sistêmico, os membros da família podem trabalhar juntos para encontrar soluções para os desafios que enfrentam, promovendo assim uma maior harmonia, compreensão e cooperação dentro do sistema familiar.

• Promoção da Harmonia na Família

Promover a harmonia e a cooperação dentro da família é essencial para cultivar relações saudáveis e gratificantes entre seus membros. Isso envolve criar um ambiente onde todos se sintam ouvidos, respeitados e valorizados.

Para promover a harmonia familiar, é importante discutir estratégias para estabelecer limites saudáveis e promover uma comunicação aberta e honesta entre os membros da família. Isso pode incluir:

- **Estabelecimento de Limites Saudáveis:** Definir limites claros e respeitosos sobre comportamentos e expectativas dentro da família, garantindo que todos os membros se sintam seguros e respeitados.

- **Comunicação Aberta e Honestidade:** Incentivar a comunicação aberta e honesta, em que os membros da família sintam-se à vontade para expressar seus sentimentos, preocupações e necessidades sem medo de julgamento ou retaliação.

- **Prática da Empatia e Compreensão:** Desenvolver a empatia e a compreensão mútua, reconhecendo e valorizando as perspectivas e experiências de cada membro da família.

- **Resolução Construtiva de Conflitos:** Abordar os conflitos de forma construtiva, buscando entender as raízes dos problemas e trabalhando juntos para encontrar soluções que beneficiem a todos.

Ao implementar essas estratégias, os membros da família podem fortalecer seus laços, promover uma maior harmonia e cooperação e criar um ambiente familiar mais amoroso e suportivo.

Responsabilidade e Compromisso Familiar

Refletir sobre a responsabilidade individual e o compromisso com o bem-estar do sistema familiar é fundamental para promover a colaboração e a coesão entre seus membros. Cada membro da família tem um papel importante a desempenhar na construção de um ambiente familiar saudável e positivo.

A responsabilidade individual envolve reconhecer e assumir as próprias ações e contribuições para o sistema familiar, bem como as consequências dessas ações. Isso inclui cumprir com as responsabilidades atribuídas, respeitar os limites dos outros membros da família e agir com integridade e respeito em todos os momentos.

O compromisso com o bem-estar do sistema familiar como um todo requer um esforço conjunto de todos os membros. Isso envolve colocar as necessidades da família acima das individuais, colaborar para resolver conflitos e desafios familiares e trabalhar juntos para promover uma cultura de apoio, compreensão e amor dentro da família.

Ao refletir sobre a responsabilidade e o compromisso familiar, os membros da família podem fortalecer seus laços, promover uma maior colaboração e coesão e criar um ambiente familiar mais saudável e feliz para todos.

Integração e Transformação na Constelação Familiar

Explorar a integração de partes excluídas do sistema e promover a transformação positiva dos padrões disfuncionais são aspectos fundamentais da constelação familiar. Essa abordagem terapêutica visa identificar e abordar as dinâmicas familiares que causam desequilíbrio e sofrimento, promovendo assim o crescimento pessoal e familiar.

A integração de partes excluídas do sistema familiar envolve reconhecer e incluir membros ou aspectos da família que foram negligenciados, excluídos ou esquecidos. Isso pode incluir membros ausentes devido a divórcios, falecimentos ou outras circunstâncias, bem como aspectos não reconhecidos ou resolvidos do passado familiar.

A transformação positiva dos padrões disfuncionais envolve identificar e modificar comportamentos, crenças ou padrões de relacionamento que contribuem para o conflito e o sofrimento dentro da família. Isso pode ser alcançado através do reconhecimento e compreensão das raízes desses padrões, bem como do trabalho colaborativo para implementar mudanças positivas.

A constelação familiar oferece um espaço seguro e facilitado para explorar essas questões complexas e promover a cura emocional e o crescimento pessoal. Ao integrar partes excluídas do sistema e promover a transformação positiva, os membros da família podem encontrar uma maior compreensão, aceitação e harmonia dentro de si mesmos e de suas relações familiares.

Resumo

Desenho Sistêmico na Constelação Familiar

- 🎨 Visualização e compreensão das dinâmicas familiares.
- 🔍 Representação simbólica das relações e interações familiares.
- 💭 Identificação de padrões de comportamento e conexões emocionais.
- 🛠 Exploração de *insights* sobre conflitos e desequilíbrios familiares.

Promoção da Harmonia na Família

- 🌿 Estabelecimento de limites saudáveis e respeitosos.
- 💬 Comunicação aberta e honesta entre os membros da família.
- 💭 Prática da empatia e compreensão mútua.
- ⚖️ Resolução construtiva de conflitos para fortalecer os laços familiares.

Responsabilidade e Compromisso Familiar

👨‍👩‍👧 Reconhecimento da responsabilidade individual de cada membro da família.

🤝 Compromisso com o bem-estar do sistema familiar como um todo.

💼 Colaboração para resolver conflitos e desafios familiares.

❤️ Promoção de uma cultura de apoio, compreensão e amor dentro da família.

Integração e Transformação na Constelação Familiar

🔄 Integração de partes excluídas do sistema familiar.

🌱 Reconhecimento e inclusão de membros ou aspectos negligenciados.

🔄 Transformação positiva de padrões disfuncionais de comportamento.

🌟 Promoção do crescimento pessoal e familiar através da constelação familiar.

Importante

Desenho Sistêmico na Constelação Familiar

🎨 **Visualização e compreensão das dinâmicas familiares:**

Exemplo: Durante uma reunião familiar, representar os membros da família fisicamente no espaço, destacando as relações e interações entre eles para visualizar dinâmicas familiares subjacentes.

🔍 **Representação simbólica das relações e interações familiares:**

Exemplo: Colocar objetos ou símbolos que representam cada membro da família em uma mesa e observar como estão posicionados em relação uns aos outros para identificar padrões de proximidade ou distância.

🪷 Identificação de padrões de comportamento e conexões emocionais:

Exemplo: Observar como os membros da família interagem durante as refeições, identificando padrões de comunicação e comportamento que podem revelar dinâmicas familiares subjacentes.

🛠 Exploração de *insights* sobre conflitos e desequilíbrios familiares:

Exemplo: Durante uma sessão de terapia familiar, representar simbolicamente os conflitos entre os membros da família para entender suas origens e buscar soluções para promover a harmonia familiar.

Promoção da Harmonia na Família

🌿 Estabelecimento de limites saudáveis e respeitosos:

Exemplo: Definir horários específicos para as atividades familiares e individuais, garantindo que todos os membros tenham tempo e espaço para suas necessidades pessoais.

💬 Comunicação aberta e honesta entre os membros da família:

Exemplo: Incentivar reuniões regulares em família onde todos possam expressar seus sentimentos e preocupações de forma aberta e respeitosa, promovendo um ambiente de confiança e compreensão.

🪷 Prática da empatia e compreensão mútua:

Exemplo: Colocar-se no lugar do outro durante uma discussão familiar para entender seus sentimentos e perspectivas, facilitando assim a resolução de conflitos e a promoção da harmonia.

⚖ Resolução construtiva de conflitos para fortalecer os laços familiares:

Exemplo: Utilizar técnicas de resolução de conflitos, como escuta ativa e compromisso mútuo, para resolver desentendimentos e fortalecer os laços familiares.

Reflexões

Encontrando Harmonia Familiar nos diferentes contextos da vida:

Sistema Familiar de Origem:

1. Autoconhecimento e Reflexão:

Reflita sobre sua própria história familiar, identificando padrões de comportamento, crenças e dinâmicas que podem afetar as relações familiares.

2. Compreensão das Dinâmicas Familiares:

Explore as relações entre os membros da família, observando como as interações e padrões de comunicação contribuem para o equilíbrio ou desequilíbrio do sistema familiar.

3. Identificação de Desafios e Conflitos:

Reconheça os desafios e conflitos existentes dentro do sistema familiar, incluindo questões não resolvidas, ressentimentos ou padrões disfuncionais de comportamento.

4. Busca por Soluções Construtivas:

Colabore com outros membros da família para encontrar soluções construtivas para os desafios identificados, promovendo o diálogo aberto, a compreensão mútua e o perdão quando necessário.

5. Implementação de Mudanças Positivas:

Comprometa-se a implementar mudanças positivas dentro do sistema familiar, estabelecendo limites saudáveis, melhorando a comunicação e promovendo a aceitação e o apoio mútuos.

6. Prática da Empatia e Respeito:

Cultive a empatia e o respeito pelos membros da família, reconhecendo e valorizando suas perspectivas individuais e experiências de vida.

7. Avaliação e Ajuste Contínuos:

Avalie regularmente o progresso feito na busca pela harmonia familiar, ajustando as estratégias conforme necessário e mantendo um compromisso contínuo com o crescimento e desenvolvimento do sistema familiar como um todo.

8. Ciclo de Cura e Crescimento:

Reconheça que encontrar a harmonia no sistema familiar é um processo contínuo de cura e crescimento, no qual cada membro da família tem a oportunidade de contribuir para um ambiente familiar mais amoroso, respeitoso e gratificante.

Este ciclo pode ajudar a guiar o processo de encontrar a harmonia no sistema familiar de origem, promovendo relações mais saudáveis e sustentáveis entre os membros da família.

Marido, esposa e filhos:

1. Comunicação Aberta e Empática:

Estabeleçam uma comunicação aberta e empática entre todos os membros da família, para que cada um se sinta ouvido, compreendido e valorizado.

2. Definição de Objetivos Familiares Comuns:

Identifiquem e definam juntos os objetivos e valores familiares, criando uma visão compartilhada que oriente as ações e decisões do dia a dia.

3. Estabelecimento de Rotinas e Tradições Familiares:

Criem rotinas e tradições familiares que promovam o senso de pertencimento, união e harmonia, como jantares em família, atividades de lazer ou momentos de reflexão e gratidão.

4. Resolução Construtiva de Conflitos:

Desenvolvam habilidades para resolver conflitos de forma construtiva, buscando entender as necessidades e perspectivas uns dos outros e encontrando soluções que beneficiem a todos.

5. Promoção do Respeito e da Cooperação:

Cultivem um ambiente de respeito mútuo e cooperação, onde cada membro da família se sinta valorizado e encorajado a contribuir para o bem-estar do grupo.

6. Tempo de Qualidade e Atenção Individual:

Dediquem tempo de qualidade e atenção individual a cada membro da família, fortalecendo os vínculos afetivos e demonstrando apoio e amor incondicional.

7. Equilíbrio entre Vida Familiar e Profissional:

Encontrem um equilíbrio saudável entre as responsabilidades familiares e profissionais, reservando tempo suficiente para o convívio familiar e o autocuidado de todos os membros.

8. Celebração das Conquistas e Gratidão:

Celebrem juntos as conquistas e momentos de felicidade, expressando gratidão e reconhecimento pelo apoio e amor compartilhados dentro da família.

Ao seguir este ciclo, a família pode fortalecer seus laços, promover um ambiente de harmonia e apoio mútuo, e criar memórias felizes que serão valorizadas por toda a vida.

Sistema social com amigos:

1. Comunicação Aberta e Autêntica:

Cultivem uma comunicação aberta e autêntica entre os amigos, na qual todos se sintam confortáveis para compartilhar seus pensamentos, sentimentos e experiências sem julgamento.

2. Estabelecimento de Limites Saudáveis:

Definam limites saudáveis e respeitosos em seus relacionamentos, comunicando claramente suas necessidades e expectativas e respeitando as dos outros.

3. Compartilhamento de Experiências e Interesses Comuns:

Compartilhem experiências e interesses comuns, participando de atividades e eventos que promovam o vínculo e a camaradagem entre os amigos.

4. Apoio Mútuo em Tempos de Dificuldade:

Ofereçam apoio mútuo e solidariedade em tempos de dificuldade, mostrando empatia e compaixão e oferecendo ajuda prática sempre que necessário.

5. Respeito à Diversidade de Opiniões e Perspectivas:

Respeitem a diversidade de opiniões e perspectivas dentro do grupo, reconhecendo que cada pessoa tem sua própria visão de mundo e experiências únicas.

6. Compartilhamento de Responsabilidades e Tomada de Decisões Democráticas:

Compartilhem responsabilidades e participem da tomada de decisões de forma democrática, garantindo que todos tenham voz e contribuição igualitárias.

7. Celebração das Conquistas e Realizações de Cada Membro:

Celebrem juntos as conquistas e realizações de cada membro do grupo, reconhecendo e valorizando suas contribuições para a amizade e o bem-estar do grupo.

8. Cultivo de Relacionamentos Autênticos e Duradouros:

Cultivem relacionamentos autênticos e duradouros, baseados na confiança, no respeito mútuo e no apoio incondicional, que enriqueçam as vidas de todos os envolvidos.

Seguindo este ciclo, os amigos podem fortalecer seus laços, promover um ambiente de confiança e apoio mútuo e criar memórias preciosas que serão valorizadas ao longo da vida.

Ambiente de trabalho:

1. Comunicação Clara e Eficaz:

Estabeleçam uma comunicação clara e eficaz entre os colegas de trabalho, garantindo que as informações sejam transmitidas de forma precisa e que todos se sintam ouvidos e compreendidos.

2. Colaboração e Trabalho em Equipe:

Promovam a colaboração e o trabalho em equipe, reconhecendo e valorizando as habilidades e contribuições individuais de cada membro da equipe para alcançar objetivos comuns.

3. Respeito e Empatia:

Demonstrem respeito e empatia uns pelos outros, reconhecendo as diferenças individuais e cultivando um ambiente de trabalho inclusivo e acolhedor.

4. Gerenciamento Construtivo de Conflitos:

Abordem os conflitos de forma construtiva, buscando soluções que beneficiem a todos e promovam a resolução pacífica de disputas dentro da equipe.

5. Feed*back* Construtivo e Reconhecimento:

Forneçam *feedback* construtivo e reconhecimento pelo trabalho bem feito, incentivando o desenvolvimento pessoal e profissional e promovendo um ambiente de aprendizado contínuo.

6. Equilíbrio entre Vida Profissional e Pessoal:

Encorajem um equilíbrio saudável entre vida profissional e pessoal, apoiando a flexibilidade no horário de trabalho e promovendo iniciativas que incentivem o bem-estar dos funcionários.

7. Cultura Organizacional Positiva e Motivadora:

Cultivem uma cultura organizacional positiva e motivadora, na qual os valores da empresa sejam refletidos no comportamento e nas interações diárias entre os colegas de trabalho.

8. Crescimento Profissional e Oportunidades de Desenvolvimento:

Ofereçam oportunidades de crescimento profissional e desenvolvimento pessoal aos funcionários, incentivando a aprendizagem contínua e o aprimoramento das habilidades.

Ao seguir este ciclo, os colegas de trabalho podem fortalecer sua equipe, promover um ambiente de trabalho colaborativo e produtivo e alcançar sucesso coletivo nos objetivos da empresa.

Exercício 52 – Mapa das Relações Familiares

Objetivo

Visualizar as relações familiares e identificar padrões de interação entre os membros da família.

Materiais necessários:

Uma folha de papel grande

Canetas coloridas ou marcadores

Passos:

1) Desenho Central:

No centro da folha de papel, desenhe um círculo ou um símbolo que represente o núcleo familiar, como uma casa ou uma árvore genealógica. Este será o ponto central do seu mapa das relações familiares.

2) Inclusão dos Membros da Família:

Ao redor do desenho central, desenhe símbolos e escreva o nome de cada membro da família, incluindo pais, filhos, avós, tios, primos, etc. Use uma cor diferente para cada membro da família para facilitar a identificação.

3) Conexões e Relacionamentos:

1º. Utilizando linhas ou setas, conecte cada membro da família com os outros para representar os relacionamentos familiares. Por exemplo, uma linha ligando pais e filhos para representar a relação de filiação, ou setas indicando a direção da influência entre os membros.

2º. Desenhe linhas contínuas, pontilhadas e seccionadas ligando as pessoas do seu sistema.

3º. Escolha pessoas no seu sistema e dê corações a elas.

4º. Escolha pessoas no seu sistema e dê ELOS e CADEIAS para elas.

5º. Desenhe símbolos que representem as profissões.

4) Identificação de Padrões e Dinâmicas:

Observe o mapa das relações familiares e identifique padrões de interação, como proximidade física ou emocional, comunicação frequente ou distante, e hierarquia dentro do sistema familiar.

5) Análise e Reflexão:

Reflita sobre o que o mapa das relações familiares revela sobre a dinâmica da sua família. Identifique pontos fortes e áreas para melhoria, bem como possíveis desafios ou conflitos que podem surgir.

6) Exploração de Soluções e Intervenções:

Com base na análise do mapa, pense em possíveis soluções ou intervenções que possam melhorar as relações familiares e promover a harmonia dentro do sistema familiar. Isso pode incluir comunicação aberta, estabelecimento de limites saudáveis ou busca por terapia familiar.

7) Atualização do Mapa:

Se desejar, faça atualizações periódicas no mapa das relações familiares para refletir mudanças nas dinâmicas familiares ao longo do tempo. Isso pode ajudar a acompanhar o progresso e o crescimento da família.

Este exercício prático de desenho sistêmico permite uma visualização clara das relações familiares e pode fornecer *insights* valiosos sobre a dinâmica e a interação entre os membros da família.

Exercício 53 – Como conduzir individualmente ou em grupo

Introdução ao Exercício:

Comece explicando o propósito do exercício e como ele pode ajudar o grupo a visualizar as dinâmicas familiares de forma mais clara. Destaque que o desenho sistêmico é uma ferramenta poderosa para explorar as relações familiares e identificar padrões de interação.

Criação de um Ambiente Seguro:

Estabeleça um ambiente seguro e acolhedor, onde os participantes se sintam à vontade para compartilhar suas experiências e emoções. Incentive a confiança mútua e o respeito pelas diferentes perspectivas.

Explicação dos Materiais e Técnicas:

Apresente os materiais que serão utilizados no exercício, como papel, canetas coloridas ou marcadores. Explique que os participantes serão convidados a desenhar uma representação visual de sua família, incluindo membros, relações e dinâmicas.

Demonstração do Processo:

Faça uma breve demonstração do processo de desenho sistêmico, mostrando como desenhar o núcleo familiar, adicionar membros da família e conectar cada um deles com linhas ou setas para representar as relações.

Início do Desenho:

Distribua o material de desenho para cada participante e convide-os a começar a desenhar sua família. Encoraje-os a se expressarem livremente, sem se preocupar com habilidades artísticas ou perfeição.

Estímulo à Reflexão e Conversa:

Enquanto os participantes estão desenhando, estimule a reflexão fazendo perguntas que os ajudem a explorar suas relações familiares, como: "Quem são as pessoas mais importantes na sua família?", "Quais são os principais desafios ou pontos fortes nas suas relações familiares?"

Facilitação da Discussão em Grupo:

Depois que todos terminarem seus desenhos, convide o grupo a compartilhar suas criações e a discutir as observações e *insights* que surgiram durante o processo. Encoraje uma conversa aberta e respeitosa, em que os participantes possam apoiar-se mutuamente.

Interpretação e Exploração dos Significados:

Ajude o grupo a interpretar os desenhos sistêmicos, explorando os significados das posições dos membros da família, das linhas de conexão e dos símbolos adicionais. Estimule a reflexão sobre as dinâmicas familiares e as possíveis áreas para crescimento e mudança.

Encerramento e Reflexão Final:

Conclua o exercício com uma breve reflexão final, convidando os participantes a compartilhar suas experiências e aprendizados. Destaque a importância da autoconsciência e da compreensão das relações familiares para promover a harmonia e o bem-estar emocional.

Símbolos e Significados

Aqui estão alguns símbolos comuns que você pode usar em um desenho sistêmico e seus significados:

A. Círculo: Representa o sistema familiar como um todo. Pode ser usado como o ponto central do seu desenho.

B. Triângulo: Simboliza uma relação de três pessoas. Pode representar pais e filho, ou qualquer outra relação triangular dentro da família.

C. Seta: Indica a direção de uma relação ou influência entre os membros da família. Por exemplo, uma seta apontando de um pai para um filho pode representar uma relação de autoridade ou influência.

D. Linha Contínua: Representa uma conexão forte entre os membros da família. Pode indicar proximidade emocional, comunicação aberta ou apoio mútuo.

E. Linha Pontilhada: Indica uma conexão mais frágil ou distante entre os membros da família. Pode representar uma relação menos próxima ou uma comunicação menos frequente.

F. Corações: Simbolizam amor e afeto entre os membros da família. Podem ser usados para destacar relações próximas e carinhosas.

G. Cadeia ou Elo: Representa a interconexão e interdependência entre os membros da família. Pode mostrar como cada pessoa está ligada às outras dentro do sistema familiar.

H. Espaço em Branco: Às vezes, deixar espaços em branco no desenho pode ser significativo, representando membros ausentes, segredos familiares ou áreas não resolvidas dentro da família.

I. Pai Perto: Ter o pai desenhado próximo aos outros membros da família pode indicar uma presença física e emocional ativa na vida familiar. Isso pode sugerir um relacionamento próximo e afetuoso com os outros membros, em que o pai está envolvido nas atividades familiares e é uma figura central na dinâmica familiar.

J. Pai Longe: Ter o pai desenhado distante dos outros membros da família pode indicar uma desconexão física ou emocional dentro da dinâmica familiar. Isso pode sugerir que o pai está ausente ou menos envolvido nas atividades familiares, criando uma lacuna na comunicação e nas relações entre os membros da família.

K. Mãe Perto: Ter a mãe desenhada próximo aos outros membros da família pode indicar uma forte presença materna na vida familiar. Isso pode sugerir um relacionamento próximo e afetuoso com os outros membros, no qual a mãe desempenha um papel ativo no cuidado, apoio emocional e na tomada de decisões familiares.

L. Mãe Longe: Ter a mãe desenhada distante dos outros membros da família pode indicar uma desconexão física ou emocional dentro da dinâmica familiar. Isso pode sugerir que a mãe está ausente ou menos envolvida nas atividades familiares, criando uma lacuna na comunicação e nas relações entre os membros da família.

M. Irmãos Perto: Ter os irmãos desenhados próximos uns dos outros pode indicar uma relação próxima e harmoniosa entre eles. Isso pode sugerir apoio mútuo, conexão emocional e interações frequentes dentro da família, promovendo um senso de união e camaradagem entre os irmãos.

N. Irmãos Longe: Ter os irmãos desenhados distantes uns dos outros pode indicar uma desconexão ou distância emocional entre eles. Isso pode sugerir que os irmãos têm relações menos próximas ou interações menos frequentes, o que pode resultar em uma dinâmica mais fragmentada ou separada entre os membros da família.

O. Expressões Faciais: Expressões faciais nos desenhos podem transmitir emoções e sentimentos dos membros da família. Por exemplo, um sorriso pode indicar felicidade e harmonia, enquanto uma expressão triste pode sugerir infelicidade ou conflito.

P. Postura Corporal: A postura corporal dos membros da família nos desenhos pode fornecer pistas sobre sua disposição emocional e relação com os outros. Por exemplo, uma postura aberta e relaxada pode indicar confiança e conforto, enquanto uma postura fechada e tensa pode sugerir desconforto ou reserva.

Q. Tamanho e Proximidade: O tamanho relativo dos membros da família e sua proximidade uns com os outros no desenho podem refletir dinâmicas de poder e intimidade. Por exemplo, membros desenhados em tamanho maior podem representar figuras de autoridade ou influência, enquanto membros desenhados menores podem sugerir submissão ou dependência.

R. Gestos e Movimentos: Gestos e movimentos representados nos desenhos, como abraços, apertos de mão ou mesmo distâncias entre os membros da família, podem comunicar conexão emocional, interações sociais e níveis de intimidade entre eles.

S. Detalhes do Vestuário e Acessórios: Detalhes do vestuário e acessórios nos desenhos podem fornecer *insights* sobre a identidade e interesses individuais dos membros da família. Por exemplo, roupas de trabalho podem indicar profissões ou papéis familiares, enquanto acessórios pessoais podem revelar *hobbies* ou preferências individuais.

T. Expressão Artística: A própria expressão artística dos desenhos, incluindo cores, estilo e detalhes, pode transmitir a percepção e interpretação pessoal dos membros da família sobre si mesmos e uns aos outros, adicionando camadas de significado e contexto às representações visuais.

U. Sorriso: Um sorriso pode indicar felicidade, amor, aceitação e conexão emocional entre os membros da família. Pode sugerir um ambiente familiar acolhedor e harmonioso, onde os membros se sentem seguros e apoiados.

V. Expressão Neutra: Uma expressão neutra pode refletir uma variedade de emoções, desde calma e tranquilidade até falta de emoção ou distanciamento emocional. Pode indicar uma dinâmica familiar estável, mas também pode sugerir uma falta de comunicação emocional ou expressão de sentimentos.

X. Expressão Triste: Uma expressão triste pode indicar mágoa, tristeza, solidão ou descontentamento dentro do sistema familiar. Pode sugerir a presença de conflitos não resolvidos, dificuldades emocionais ou uma necessidade de cura e reconciliação entre os membros da família.

Y. Expressão Zangada: Uma expressão zangada pode indicar raiva, frustração, ressentimento ou conflito dentro da família. Pode sugerir a presença de tensões emocionais, dificuldades de comunicação ou desafios de relacionamento que precisam ser abordados e resolvidos para promover a harmonia familiar.

Z. Expressão de Surpresa: Uma expressão de surpresa pode indicar choque, espanto ou admiração diante de uma situação inesperada ou revelação dentro da família. Pode sugerir a necessidade de adaptação e flexibilidade para lidar com mudanças e desafios inesperados dentro do sistema familiar.

AA. Expressão Alegre: Uma expressão alegre pode indicar entusiasmo, contentamento e gratidão pelos momentos positivos e pelas conexões afetivas dentro da família. Pode sugerir um ambiente familiar amoroso e vibrante, onde os membros se sentem valorizados e apreciados.

Significados comuns para as posições dos membros familiares em um desenho sistêmico:

1. No Centro:
- Representa o patriarca ou matriarca da família, aquele que desempenha um papel central na tomada de decisões e no equilíbrio do sistema familiar.

2. Próximo ao Centro:
- Indica membros da família que têm uma conexão próxima com a figura central, como cônjuges ou filhos mais próximos, que desempenham um papel importante no suporte emocional e na tomada de decisões.

3. Na Periferia:
- Representa membros da família que estão mais distantes do centro de poder ou influência. Isso pode incluir parentes mais distantes ou aqueles que têm menos contato ou conexão emocional com o resto da família.

4. Acima ou Abaixo:
- Reflete a hierarquia dentro da família. Membros posicionados acima podem representar figuras de autoridade ou influência, como pais ou avós, enquanto membros posicionados abaixo podem representar filhos ou outros membros subordinados.

5. Juntos ou Separados:

- Indica o nível de proximidade ou distância emocional entre os membros da família. Membros que estão próximos uns dos outros podem ter uma relação mais próxima, enquanto aqueles que estão separados podem ter uma relação mais distante ou tensa.

6. Em Linha ou em Grupo:

- Pode representar alianças dentro da família. Membros que estão alinhados em uma linha ou grupo podem estar unidos por interesses ou objetivos comuns, enquanto aqueles que estão isolados podem estar em desacordo com o resto da família.

7. Com Setas Direcionais:

- Indica a direção da influência ou comunicação entre os membros da família. Setas apontando para fora podem representar membros que estão se distanciando ou se desconectando, enquanto setas apontando para dentro podem representar membros que estão se aproximando ou se unindo.

8. Na Margem Superior:

- Pode representar membros mais velhos ou autoritários da família, como avós ou pais mais idosos, que ocupam uma posição de liderança ou influência sobre os outros.

9. Na Margem Inferior:

- Pode representar membros mais jovens ou dependentes da família, como filhos pequenos ou netos, que estão em uma posição de menor poder ou autonomia.

10. No Centro do Grupo:

- Representa membros que desempenham um papel de unificação ou mediador dentro da família, buscando harmonia e equilíbrio entre os membros divergentes.

11. Em Uma Linha Diagonal:

- Pode representar membros que estão em conflito ou

competindo entre si, com cada um buscando sua própria agenda ou interesses dentro da família.

12. Com Linhas Cruzadas:
- Indica relações complexas ou interações tensas entre os membros da família, onde as linhas de comunicação estão bloqueadas ou interferidas por conflitos não resolvidos.

13. Em Posição Isolada:
- Pode representar membros que se sentem alienados ou excluídos dentro da família, com pouca conexão ou apoio dos outros membros.

14. Em Posição de Alvo:
- Indica membros que estão sob pressão ou ataque dentro da família, seja emocionalmente, verbalmente ou de outra forma, e podem precisar de apoio adicional para lidar com essas pressões.

15. Em Posição Circular ou Entrelaçada:
- Representa membros que estão interligados por laços familiares fortes e duradouros, com uma conexão profunda e significativa entre si.

16. Posicionado à Esquerda ou à Direita:
- Membros posicionados à esquerda podem representar uma conexão com o passado, tradições familiares ou valores antigos, enquanto membros à direita podem simbolizar uma orientação para o futuro, inovação ou mudança.

17. Em Círculo ao Redor de um Membro:
- Membros que estão circulando em torno de outro podem representar uma dependência excessiva desse membro ou uma dinâmica de superproteção dentro da família.

18. Em Diferentes Níveis de Elevação:
- Membros que estão em diferentes níveis de elevação podem

representar uma hierarquia de poder dentro da família, com alguns membros tendo mais autoridade ou influência do que outros.

19. Com Símbolos Adicionais ao Redor:
o Símbolos adicionais, como corações, estrelas ou cruzes, podem fornecer informações adicionais sobre as relações entre os membros da família, como amor, reconhecimento ou espiritualidade.

20. Em Linhas Paralelas ou Convergentes:
o Membros posicionados em linhas paralelas podem indicar uma conexão equilibrada e saudável, enquanto membros em linhas convergentes podem representar uma convergência de interesses ou objetivos compartilhados.

21. Com Distância Física ou Espacial:
o Membros que estão fisicamente distantes um do outro no desenho podem refletir uma desconexão emocional ou falta de comunicação entre eles na vida real.

22. Com Expressões Faciais ou Gestos Adicionais:
o Adicionar expressões faciais ou gestos aos membros do desenho pode ajudar a transmitir emoções e estados mentais, como felicidade, tristeza, raiva ou preocupação, adicionando profundidade à interpretação.

23. Com Etiquetas ou Legendas Adicionais:
o Incluir etiquetas ou legendas junto aos membros do desenho pode fornecer informações contextuais importantes, como idade, papel na família ou eventos significativos associados a cada membro.

24. Em Tamanhos Diferentes:
o Membros desenhados em tamanhos diferentes podem representar o nível percebido de importância ou influência de cada pessoa dentro da dinâmica familiar. Membros

desenhados em tamanho maior podem representar figuras dominantes ou líderes, enquanto membros menores podem ser vistos como mais submissos ou menos influentes.

25. Com Símbolos Adicionais ao Redor:

- Símbolos adicionais, como flores, animais ou objetos específicos, podem representar interesses, *hobbies* ou características individuais de cada membro da família. Eles podem ajudar a transmitir nuances adicionais sobre a personalidade ou identidade de cada pessoa.

26. Com Linhas Pontilhadas ou Interrupções:

- Linhas pontilhadas ou interrupções ao redor de um membro da família podem indicar barreiras ou desafios que essa pessoa enfrenta em suas relações com outros membros da família. Isso pode incluir questões não resolvidas, dificuldades de comunicação ou conflitos pendentes.

27. Com Símbolos de Conexão ou Separados:

- Membros da família desenhados com símbolos de conexão, como mãos dadas ou abraços, podem representar relações próximas e saudáveis entre eles. Por outro lado, membros desenhados separados ou sem contato físico podem indicar distância emocional ou falta de conexão entre eles.

28. Com Adornos ou Vestimentas Específicas:

- Desenhar membros da família com adornos ou vestimentas específicas pode representar papéis ou identidades culturais dentro da família. Isso pode incluir trajes tradicionais, uniformes profissionais ou acessórios pessoais que são significativos para cada pessoa.

29. Em Posições de Movimento ou Estagnação:

- Membros desenhados em posições de movimento ou ação podem representar uma disposição para a mudança ou crescimento dentro da família. Por outro lado, membros desenhados em posições estáticas ou imóveis podem indicar uma resistência à mudança ou uma estagnação nas relações familiares.

Exemplos de histórias de pessoas que passaram por desenho sistêmico

Ana:

Ana, uma mulher de 35 anos, procurou terapia familiar para lidar com conflitos constantes em seu relacionamento com seus pais. Durante uma sessão de desenho sistêmico, Ana representou sua família desenhando uma árvore genealógica, onde ela se viu isolada em um galho distante dos demais membros. A terapeuta interpretou o desenho como uma expressão da sensação de exclusão e desconexão de Ana em relação à sua família. Ao explorar o desenho, Ana foi capaz de reconhecer suas emoções e iniciar um processo de cura e reconciliação com seus pais.

Carlos e Maria:

Carlos e Maria, de 45 anos, buscaram terapia de casal para lidar com problemas de comunicação e intimidade em seu relacionamento. Durante uma sessão de desenho sistêmico, eles foram convidados a desenhar uma cena que representasse sua vida juntos. Carlos desenhou uma figura solitária em uma casa, enquanto Maria desenhou duas figuras distantes uma da outra. A terapeuta interpretou os desenhos como uma expressão do distanciamento emocional e da falta de conexão entre o casal. A partir dessa compreensão, Carlos e Maria puderam explorar suas emoções e iniciar um processo de reconexão e fortalecimento do relacionamento.

Pedro:

Pedro, um menino de 10 anos, foi encaminhado para terapia infantil devido a dificuldades de comportamento e relacionamento na escola. Durante uma sessão de desenho sistêmico, Pedro foi convidado a desenhar sua família e sua vida em casa. Ele representou sua família com figuras pequenas e distantes uma das outras, enquanto ele próprio estava isolado em um canto do desenho. A terapeuta interpretou o desenho como uma expressão do sentimento de solidão e falta de apoio de Pedro em casa. Através do desenho, Pedro pôde expressar suas emoções e começar a trabalhar em estratégias para fortalecer seus relacionamentos familiares e melhorar seu bem-estar emocional.

João e Maria:

João e Maria, 30 anos, buscaram terapia de casal devido a conflitos recorrentes em sua relação. Durante uma sessão de desenho sistêmico, cada um foi convidado a desenhar sua família de origem e as influências de sua infância em sua vida adulta. João representou sua família com figuras distantes e tensas, enquanto Maria desenhou uma cena cheia de cores e movimento. A terapeuta interpretou os desenhos como reflexos das diferentes experiências familiares de cada um e como essas experiências impactavam seu relacionamento atual. A partir dessa compreensão, João e Maria puderam explorar suas diferenças e encontrar maneiras de se apoiarem mutuamente.

Luísa:

Luísa, uma jovem de 20 anos, procurou terapia individual para lidar com sentimentos de ansiedade e baixa autoestima. Durante uma sessão de desenho sistêmico, Luísa foi convidada a desenhar sua família e suas relações interpessoais. Ela representou sua família com figuras distantes e desconectadas, enquanto ela mesma estava isolada em um canto do desenho. A terapeuta interpretou o desenho como uma expressão da falta de apoio emocional e conexão na vida de Luísa. Através do desenho, Luísa pôde expressar suas emoções e começar a explorar maneiras de construir relacionamentos mais saudáveis e satisfatórios.

Miguel:

Miguel, um adolescente de 16 anos, participou de uma sessão de terapia familiar para lidar com conflitos em casa e na escola. Durante uma atividade de desenho sistêmico em grupo, Miguel foi encorajado a representar sua família e seus sentimentos em relação a ela. Ele desenhou uma cena onde ele próprio estava no centro, cercado por figuras distantes e hostis. A terapeuta interpretou o desenho como uma expressão da sensação de pressão e isolamento que Miguel experimentava em sua vida familiar. A partir dessa compreensão, Miguel pôde compartilhar seus sentimentos com sua família e trabalhar em conjunto para melhorar a comunicação e o entendimento mútuo.

O que é importante sobre este exercício?

6.3 Âncoras de Solo

Aqui está a imagem simbólica representando "Âncoras de Solo" em uma constelação familiar.

Na constelação familiar, a "âncora de solo" refere-se a um elemento externo, como uma corda ou bambolê, que é usado para marcar espaços no solo representando dinâmicas familiares. Essas âncoras são posicionadas de forma oculta, de modo que apenas o constelador saiba quem cada âncora está representando. Cada âncora colocada de forma oculta condiz com um elemento novo ao tema trazido pelo constelado.

Durante a constelação, os participantes são convidados a representar membros da família ou elementos relacionados ao problema em questão, como doenças, conflitos ou dificuldades emocionais. O facilitador guia a sessão e interpreta os padrões que emergem à medida que as âncoras são posicionadas e as interações entre elas acontecem.

A âncora de solo, portanto, não se refere a um membro do grupo, mas sim ao elemento externo que é utilizado na representação das dinâmicas familiares. Cada âncora é colocada em conformidade com o tema trazido pelo constelado, permitindo uma representação simbólica e oculta das questões familiares.

Dessa forma, uma "constelação com âncora de solo na constelação familiar" descreve uma sessão terapêutica em que essa técnica é aplicada, com a presença de elementos externos representando dinâmicas familiares de forma oculta. Essa abordagem visa identificar e resolver dinâmicas familiares complexas e não resolvidas através da representação simbólica e da observação das interações entre as âncoras.

Aqui está uma lista de possíveis interações que podem ocorrer durante uma constelação familiar:

1. Conflito Direto:

Duas cordas ou bambolês podem ser colocados próximos um do outro, representando membros da família em conflito ou com dificuldades de comunicação.

2. Distância Emocional:

Cordas ou bambolês posicionados em extremidades opostas da área de constelação podem simbolizar distância emocional entre membros da família.

3. Aliança ou Apoio:

Cordas entrelaçadas ou bambolês próximos podem representar uma aliança forte ou apoio mútuo entre membros da família.

4. Exclusão ou Isolamento:

Uma corda ou bambolê isolado em uma área distante da maioria pode representar um membro da família excluído ou isolado.

5. Hierarquia ou Autoridade:

Cordas ou bambolês posicionados em diferentes níveis de altura podem representar hierarquia ou autoridade dentro da família.

6. Cuidado ou Proteção:

Um bambolê colocado sobre outro pode simbolizar um membro da família protegendo ou cuidando de outro.

7. Padrões Repetitivos:

Cordas dispostas em padrões repetitivos podem representar ciclos familiares ou comportamentos recorrentes que precisam ser reconhecidos e trabalhados.

8. Culpa ou Ressentimento:

Cordas ou bambolês apontando diretamente para outro podem representar sentimentos de culpa ou ressentimento entre membros da família.

9. Falta de Comunicação:

Cordas cruzadas ou bambolês virados de costas uns para os outros podem indicar uma falta de comunicação ou entendimento dentro da família.

10. Padrões de Cuidado:

Bambolês ou cordas organizados em torno de um ponto central podem simbolizar padrões de cuidado ou centralidade de uma figura na família.

11. Reconexão:

Cordas ou bambolês que se aproximam ao longo da constelação podem representar uma oportunidade de reconexão ou reconciliação entre membros da família.

12. Equilíbrio e Harmonia:

Uma disposição simétrica das cordas ou bambolês pode indicar um estado de equilíbrio e harmonia dentro da dinâmica familiar.

13. Sobrecarga Emocional:

Cordas ou bambolês agrupados ou sobrepostos podem representar um membro da família que está sobrecarregado emocionalmente ou responsabilizado por muitos aspectos da vida familiar.

14. Perda ou Luto:

Um espaço vazio na constelação ou uma corda caída pode simbolizar a ausência de um membro da família devido a morte, distância emocional ou ruptura.

15. Influência Externa:

Cordas ou bambolês que se estendem além da área designada podem representar influências externas, como amigos, colegas de trabalho ou outras relações, que afetam a dinâmica familiar.

16. Relacionamentos Distantes:

Cordas ou bambolês posicionados em diferentes áreas da constelação, sem interação direta, podem indicar relacionamentos distantes ou separados dentro da família.

17. Resiliência ou Flexibilidade:

Cordas ou bambolês flexíveis e maleáveis podem representar membros da família que são capazes de se adaptar a mudanças ou superar desafios.

18. Lealdade Oculta:

Cordas ou bambolês que se cruzam ou se sobrepõem de maneira inesperada podem indicar lealdades ocultas ou alianças não reconhecidas dentro da família.

19. Segredo ou Ocultação:

Cordas ou bambolês posicionados de forma isolada ou escondida podem sugerir a presença de segredos familiares não revelados ou ocultos.

20. Empoderamento e Autonomia:

Cordas ou bambolês separados e independentes podem representar membros da família que buscam autonomia e empoderamento em relação ao sistema familiar.

21. Rede de Apoio:

Cordas ou bambolês entrelaçados formando uma rede ou teia podem simbolizar uma rede de apoio ou conexões familiares que sustentam os membros em tempos de necessidade.

22. Repetição de Padrões:

Cordas ou bambolês dispostos de maneira similar a constelações anteriores podem indicar a persistência de padrões familiares ao longo do tempo.

23. Reconhecimento de Papéis:

Cordas ou bambolês que se movem para ocupar diferentes posições podem representar o reconhecimento e a aceitação de papéis familiares por parte dos membros.

Cada interação na constelação familiar oferece uma oportunidade valiosa para explorar e compreender mais profundamente os relacionamentos e dinâmicas familiares subjacentes.

Exercício 54 – Trabalhando com Âncoras de Solo

Objetivo

Utilizar âncoras de solo (elementos externos como cordas, bambolês, ou outros objetos físicos) para representar dinamicamente as relações familiares, trazendo à tona padrões ocultos e interações familiares que influenciam a vida do constelado. Esse exercício permite que os participantes visualizem e explorem as dinâmicas familiares de forma oculta e simbólica.

Passo a Passo do Exercício:

1. Preparação do Espaço

Encontre um espaço amplo e tranquilo onde o exercício possa ser realizado. Separe cordas, bambolês, ou objetos que possam servir como âncoras de solo. Cada âncora será posicionada de forma oculta, sem que os participantes saibam qual membro ou elemento familiar ela representa, exceto o facilitador.

Itens necessários:

- Cordas, bambolês ou outros objetos que possam ser usados como âncoras.

- Espaço amplo para posicionar as âncoras e permitir movimentação.
- Um papel e caneta para anotações do facilitador.

2. Definição do Tema

Converse com o constelado para identificar a questão central que será trabalhada durante a constelação. O tema pode estar relacionado a conflitos familiares, padrões de comportamento, exclusão de membros, ou qualquer outra dinâmica familiar que o constelado deseja explorar.

Exemplos de temas:
- Padrões de conflito entre pais e filhos.
- Distância emocional entre membros da família.
- Sentimento de isolamento de algum membro familiar.

3. Posicionamento das Âncoras de Solo

O facilitador posiciona as âncoras no espaço sem que o constelado ou os participantes saibam qual âncora representa qual membro ou elemento. Cada âncora simboliza um membro da família, um conflito, uma relação emocional ou até influências externas que afetam a dinâmica familiar.

Sugestões de posicionamento:
- Âncoras próximas podem representar alianças fortes ou relações de apoio.
- Âncoras distantes podem representar distanciamento emocional ou exclusão.
- Âncoras sobrepostas ou em cruz podem simbolizar emaranhamentos ou lealdades invisíveis.

4. Exploração e Movimentação

O facilitador convida o constelado a caminhar ao redor das âncoras, observando como ele se sente em relação a cada posição. O constelado pode ser orientado a falar sobre suas sensações ao se aproximar ou se distanciar de cada âncora, permitindo que surjam percepções sobre suas relações familiares.

Perguntas reflexivas:

- "Como você se sente quando está perto desta âncora?"
- "Há algum lugar que parece mais confortável ou desconfortável para você?"
- "Se você pudesse ajustar uma dessas âncoras, o que faria?"

5. Interpretação Sistêmica

Enquanto o constelado explora o espaço, o facilitador observa e faz anotações sobre os movimentos e sensações relatadas. Com base nas interações com as âncoras, o facilitador começa a revelar lentamente quem ou o que cada âncora representa, oferecendo ao constelado uma nova perspectiva sobre a dinâmica familiar.

Exemplos de Interpretação:

- Se o constelado evita uma âncora, isso pode indicar uma relação conflituosa ou uma questão não resolvida.
- Se o constelado sente conforto próximo a uma âncora, isso pode refletir uma aliança ou apoio forte.
- Âncoras sobrepostas podem simbolizar emaranhamentos ou dependências emocionais.

6. Movimentos de Cura e Integração

Depois que o facilitador revela as representações das âncoras, o constelado é convidado a ajustar o posicionamento delas. O objetivo é permitir que o constelado faça novos movimentos dentro da constelação, promovendo reconciliação, equilíbrio e harmonia entre as âncoras (representações familiares).

Instruções para ajuste:
- "Agora que você sabe o que cada âncora representa, como você gostaria de mover ou ajustar essa relação?"
- "O que seria necessário para você sentir mais equilíbrio nesse espaço?"

7. Frases de Cura

Durante o processo de movimentação e ajuste, o facilitador pode sugerir frases de cura que ajudem a liberar padrões negativos, reconhecer a posição de cada membro no sistema e trazer harmonia ao campo familiar.

Exemplos de Frases:
- "Eu honro o lugar de cada um na família."
- "Eu deixo para trás o que não me pertence."
- "Eu reconheço e aceito a sua dor, mas sigo em paz."

8. Conclusão

Após os ajustes e frases de cura, o facilitador orienta o constelado a encerrar o processo com um momento de agradecimento ao sistema familiar. O constelado pode ser convidado a observar como a energia e as relações mudaram dentro da constelação, e como essas mudanças podem impactar suas relações na vida real.

Frase de Encerramento:

"Eu agradeço a todos os membros do meu sistema e sigo com mais clareza e equilíbrio."

Conclusão:

O exercício com âncoras de solo é uma técnica poderosa para revelar dinâmicas familiares ocultas e permitir ao constelado perceber como as relações podem ser ajustadas de forma simbólica e energética. Ao movimentar as âncoras e interagir com elas, o constelado ganha novas percepções sobre seus vínculos e desafios familiares, promovendo a cura e o equilíbrio em seu sistema familiar.

Agradecimento

Este caderno foi criado com o propósito de apoiar você, leitor, em sua jornada de autoconhecimento e cura sistêmica. Agradecemos profundamente a todos que, de alguma forma, contribuíram para a realização deste material, direta ou indiretamente, através de suas vivências, histórias e sabedoria.

À nossa família, que sempre esteve presente, e aos nossos antepassados, que nos oferecem força, coragem e aprendizado através de suas histórias, deixamos nosso mais sincero agradecimento. Cada geração nos ensinou o valor do amor, do pertencimento e da coragem de seguir em frente, honrando aqueles que vieram antes de nós.

Agradecemos também a todos os nossos alunos e participantes das constelações, que confiaram em nosso trabalho e nos permitiram ser parte de suas histórias de cura e transformação. Vocês são a inspiração contínua para o nosso desenvolvimento e dedicação ao estudo das Constelações Familiares e dos sistemas que regem nossas vidas.

Por fim, agradecemos a Bert Hellinger, cujas profundas contribuições nos deram a possibilidade de enxergar o mundo através de uma nova perspectiva sistêmica, revelando os laços invisíveis que nos conectam e nos permitindo restaurar a ordem e o equilíbrio em nossas vidas.

Este caderno é uma expressão da nossa gratidão a todos vocês. Que ele seja um guia e uma ferramenta de transformação, permitindo que você descubra, libere e honre seu próprio caminho, em sintonia com seu sistema familiar e suas raízes.

Com profunda gratidão,

Josi Meda

Anotações

Anotações

Anotações

Anotações

Anotações

Anotações

Anotações

Anotações

Anotações

Anotações

Anotações

Anotações

EDITORA LEADER